2013.05

FINANCIAL STATISTICS AND ANALYSIS

金融统计与分析

中国人民银行调查统计司 编

中国金融出版社

责任编辑：贾　真　肖丽敏
责任校对：张志文
责任印制：程　颖

图书在版编目(CIP)数据

金融统计与分析(Jinrong Tongji yu Fenxi)（2013.05）/中国人民银行调查统计司编.—北京：中国金融出版社，2013.5

ISBN 978-7-5049-6973-6

Ⅰ.①金… Ⅱ.①中… Ⅲ.①金融统计—统计分析—研究报告—中国—2013 Ⅳ.①F832.1

中国版本图书馆CIP数据核字（2013）第101673号

出版发行 中国金融出版社
社址 北京市丰台区益泽路2号
市场开发部 (010) 63266347，63805472，63439533（传真）
网上书店 http://www.chinafph.com
(010) 63286832，63365686（传真）
读者服务部 (010) 66070833，62568380
邮编 100071
经销 新华书店
印刷 北京市松源印刷有限公司
装订 平阳装订厂
尺寸 185毫米×260毫米
印张 8.5
字数 154千
版次 2013年5月第1版
印次 2013年5月第1次印刷
定价 30.00元
ISBN 978-7-5049-6973-6/F.6533

FINANCIAL STATISTICS AND ANALYSIS

CONTENTS

目录

目录

FINANCIAL STATISTICS AND ANALYSIS

CONTENTS

经济复苏基础不牢，财政金融压力上升

——对12省（区）经济形势的调研

中国人民银行调查统计司经济分析处

为了解当前经济金融运行情况，更好地判断未来走势，2013年3月下旬，调查统计司对12个省（区）①进行了调研。通过召开政府部门、金融机构、企业座谈会，及走访部分企业，我们了解到：自2012年下半年以来的预调、微调政策已起作用，国民经济继续呈现缓慢复苏的态势，但复苏的基础仍不牢固。当前制约经济增长的不确定性因素有：消费增长缓慢，房地产市场不确定性增加，地方政府投资受财政收入增长放缓、地方政府融资平台规范等因素约束，金融风险压力呈上升趋势，等等。

一、生产回暖，需求微增，回升势头有待巩固

（一）企业生产经营状况有所好转，但部分行业仍开工不足，效益有待提高

工业生产向好，企业开工状况总体平稳。广东多数受访企业表示，最困难的时期已经过去，目前企业整体经营虽然仍处低位，但2013年以来正在向好的方向发展。受访的电子家电企业普遍反映节后开工情况较好，设备利用率达到八成以上。纺织服装企业也普遍反映2013年开工情况好过2012年，虽然当前是行业生产淡季，但企业设备利用率达到六至八成，基本达到同期正常水平。浙江调查问卷显示，春节后企业开工率为83.2%，处于正常水平。湖北荆州市11家调查企业中，有6家企业反映2013年一季度订单较上年同期增加，其余5家企业表示与上年同期基本持平。

当前企业面临的主要问题是增产不增效，部分行业仍开工不足。一是经营成本上升、社会保障负担较重。广东省现代产业500强企业调查显示，当前企业面临的主要问题和困难是成本过快上涨（占78.3%），71%的企业预计2013年

① 包括广东、山东、河北、辽宁、上海、福建、湖北、安徽、广西、陕西、江西和重庆。

一季度生产成本上涨10%以上。二是应收账款上升，“三角债”问题抬头。据对河北省10地市1800家企业的抽样调查显示，四成企业涉及“三角债”，总量、覆盖面呈逐年增加趋势，导致企业资金链紧张、融资偿还能力下降。涉及“三角债”的企业以小型企业为主，主要集中在钢铁和制造行业。三是钢铁和工程机械等部分行业产能过剩严重，开工率明显不足。据济南分行反映，济钢集团2013年1~2月净亏损1.97亿元，有一座1750立方米的高炉处于停产状态。

（二）三大需求总体回升，但不确定性有所增加

出口需求向好，但2013年1~2月的部分数据存在虚增的可能。2013年以来，出口形势确有好转。广东服装、电子等行业出口回升。惠州敏兴和南旋针织厂表示，美国市场有所复苏，预计一季度销售增长10%。深圳国威电子表示，预计2013年出口增幅可达50%。福州中心支行调查问卷显示，67.8%的企业出口订单较上年同期增加，其中30.51%的企业出口订单较上年同期增加10%以上。

外需虽有好转，但真实情况可能不及数据表现得乐观。在我们调查的企业中，还是有相当多的企业反映出口需求没有明显好转，比数据反映的要谨慎。2013年2月，广东规模以上工业增加值、全社会用电量和进口同比分别净下降5.2%、29.4%和2.4%，但出口增长21.3%，有关数据之间匹配明显失真。据调查，有些企业通过黄金加工贸易套利。2013年2月，广东黄金进料加工收汇26.7亿美元，同比增长67%，而付汇19.5亿美元，同比增长近2倍。1~2月广东海关特殊监管区域物流货物出现了巨幅增长，进出口总额达315亿美元，增长了4.9倍，其中出口和进口分别增长了6.4倍和3.8倍。

投资热情高，但落实难，制造业投资增长乏力。一是政府投资热情高，但约束因素较多。广西2013年1~2月基础设施建设①同比增长43.3%，比投资增速高19.8个百分点，比2012年全年增速提高24.7个百分点。教育和卫生分别增长66.7%和73.2%。但各级地方政府对于能否完成预期投资都存在一定的担忧和疑虑。其一是财政资金制约较为明显。其二是平台融资的日益严格和困难加剧了地方政府融资难度。其三是土地约束日益显现。

二是制造业企业投资意愿不强。杭州中心支行问卷调查显示，65.0%的企业表示2013年有投资计划，其中，只有42.8%的企业选择在扩大现有产品的生产规模方面进行投资。泉州市的部分企业反映，虽然订单较上年同期增加，但因盲目扩张的前车之鉴，企业在增加投资方面表现谨慎，没有大幅增加投资的打算。重庆营业管理部企业调查结果显示，在3个月内和6个月内有投资意愿的企业均不足30%。福州中心支行调查问卷显示，未来3个月、6个月和12个月内没有投资计划的企业占比分别为71.35%、67.84%和58.48%，具体原因分别为“经

① 此处基础设施建设包括电力、热力、燃气及水生产和供应业、交通运输、仓储和邮政业、水利、环境和公共设施管理业。

济形势较差，市场前景不佳”（59.09%）、“没有好的项目”(47.73%)、“资金筹措难度大，融资成本高”（45.45%）等。

消费增长放缓，不确定性加大。受房地产调控政策、汽车限牌及控制公款消费等因素影响，家电类、汽车类和餐饮类消费增速明显放缓，广州 9 家重点百货店春节 7 天假期销售额仅增长 3.8%。据南昌中心支行反映，南昌 6 家五星级酒店前 2 个月营业额同比均有所下降。预计 2013 年消费增速将有所放缓。

二、房地产市场交易“井喷”，但后市并不乐观

（一）房产市场交易量放大，市场需求以刚需为主

为规避二手房交易差额征收 20%个税，房地产市场交易突显“井喷”。数据显示，成都市主城区在新“国五条”出台后两周累计新房成交 4761 套，二手房成交 4467 套，比新“国五条”出台前两周分别增加 837 套和 1575 套。2013 年 3 月 4 日以来，重庆市主城区土地房屋权属登记中心日均过户数量较新政出台前平均增加 1 倍以上。受此影响，多数房地产企业上调了销售目标。

调研发现，多数房地产企业的市场定位于首次置业及改善型置业群体。福州中心支行调查显示，49 家房地产企业中有 25 家（占 51.0%）企业表示购房者主要为首次购房，有 13 家（占 26.5%）表示主要为改善性需求，二者合计占 77.5%。杭州中心支行调查显示，2012 年杭州住宅市场新增供应面积中，90 平方米以下房源占比高达 40.5%，90~140 平方米房源占比为 32.5%。广东越秀集团表示，在当前严厉的政策约束下，单纯的投资客已经很少了，购房者大多属于首次置业及改善型置业者。广东广电集团表示，目前该企业楼盘的购房者中，25~35 岁的刚性需求群体约占 70%。金地集团表示，该企业楼盘中，属首套与第二套的购房者比例约为 2:1。

（二）交易“井喷”后，市场预期趋于谨慎

合肥中心支行调查显示，在购房政策尚不明朗的 2013 年 3~4 月，为了抢搭政策执行前的末班车，合肥市滨湖、政务等热点非限购区开发商加紧放量，以规避政策风险。南昌中心支行调查显示，有房地产企业已经萌生转行的意向。

购房者观望比例上升。重庆数据显示，据 2013 年 3 月 3 日至 3 月 8 日对全市 267 位居民的随机调查表明，选择房地产为投资方向的居民占比仅为 6.7%，比新“国五条”出台前低 6 个百分点。有 58 位居民表示在新“国五条”出台前“存在改善性购房需求”，其中 70.6%（41 位）已考虑“暂时搁置改善计划”。

访谈的广东房地产企业普遍认为，短期看，新“国五条”及实施细则对一手房市场交易影响较小，但市场观望情绪有所增加。中长期看，部分投资类需求可能会被挤出去，但二手房的首次置业者可能挤入一手房市场，增大供需矛盾。同时，新“国五条”及其实施细则

可能会推动投资类购房需求向政策限制较少的商业地产转移，促使商业地产交易和开发增长进一步加快。

在土地市场上，土地市场溢价率回落。杭州中心支行反映，2013 年 3 月 5 日新“国五条”细则出台后杭州主城区首次土地拍卖，保利、金地等全国性房地产企业悉数到场，但 4 宗土地在倒计时 2 分钟时仍无人报价，最终都以底价直接成交，这逆转了 2013 年前两个月土地出让溢价率接近 30%的情形。

三、就业市场总体稳定，但结构性矛盾突出，劳动力成本仍在上升

就业状况整体稳定，劳动力供需均有所增长。一是劳动力需求稳步增长。多数企业反映，随着市场回暖，企业对工人的需求量有所增加，即便开工不足的企业，也不敢轻易裁员。二是新增就业规模基本稳定。山东省人社厅反映，2013 年全省城镇需就业人员测算总量为 200 万人，一改连年增长势头，与 2012 年基本持平。三是春节后工人返岗率有所提高。广东省 3000 多户企业定点监测结果显示，节后企业员工返岗率达 91.5%，其中重点企业员工返岗率达到 94%~95%，比往年明显提高。四是中西部劳动力继续回流。江西省就业服务管理局反映，返乡农民工中，有意愿留在省内就业或创业的有 60 万人，比上年同期增加 6 万人。

“招工难”情况依旧，“留工难”情况加剧，结构性矛盾依然突出。一是“招工难”依然存在。广州分行对省内 266 户企业进行调查，48.87%的企业表示 2013 年春节后招工“与上年一样困难”，43.98%的企业认为“比上年困难”，只有 7.14%的企业感觉“比上年容易”。二是“留工难”加剧。重庆营业管理部反映，工人的流动常以一个工段或一个群体为单位，让用工单位措手不及，给企业生产经营带来很大影响，年轻员工相对更容易流失。三是劳动力供需错位。工种方面，技术工人依然紧缺，普通工人缺口进一步加大，未来可能向技术工人和普通工人全面短缺的方向发展。年龄方面，年轻工人缺口较大。山东、江西、重庆等多地企业反映工人年龄老化严重，部分劳动密集型企业很难招到年轻工人，人员结构以“40 后”及“50 后”为主，企业职工平均年龄以每年增长 1 岁的态势递增。学历方面，大学生就业压力仍然较大，以大专院校毕业生为需求主体的企业招工压力较小。四是政企协议用工不利于劳动力市场健康发展。不少地方政府为招商引资，承诺为企业解决用工问题。用工企业有政府兜底，不重视福利待遇和人文关怀，员工流失率较高，对政府、企业、劳动者都造成不利影响。五是劳务派遣工人存在较大不确定性。修改后的《劳工合同法》自 2013 年 7 月 1 日起正式施行，该法对劳务派遣用工的范围和数量作出了明确界定和规范，届时可能导致派遣单位与派遣员工集中解约，带来就业压力。

四、金融机构经营压力增加，盈利能力减弱，资产风险上升

（一）贷款需求增加，规模和存贷比考核制约信贷投放

广州分行调查显示，工商银行广东省分行2013年以来信贷需求旺盛，信贷规模较为紧张，目前已签未提贷款达802亿元。中国银行广东省分行目前对公授信储备超过1000亿元，其中已批未放的约占34%，但受存贷比限制，1~2月人民币贷款反而较年初下降33亿元。

南昌中心支行调查显示，南昌银行2013年全年获得的信贷额度为60.44亿元，但截至2月末，新增贷款已高达32亿元，而南昌银行存贷比仅为57.1%，可贷资金充裕。建设银行江西省分行一季度仅从总行获取信贷额度29亿元，远不能满足客户旺盛的信贷需求。

（二）信贷需求结构差异明显，中小企业信贷支持力度加大

分行业看，贷款需求回升主要受房地产业和基础设施业拉动，制造业的贷款需求仍不足。建设银行广东省分行2013年以来信贷需求以基础设施和房地产业为主，制造业和批发零售业贷款明显下降。中国银行广东省分行对公授信储备主要分布于房地产业、制造业、基础设施业和批发零售业，分别占29.7%、26.3%、20.3%和9.5%。

分企业看，大中型企业营运资金的自给自足率相对较高，而小微企业营运资金缺口扩大，信贷需求较为旺盛。大企业融资渠道多，银行对大企业议价能力较弱，利率上浮幅度小（5%~10%），而中小微企业融资渠道窄，对银行贷款依赖程度高，银行对中小微企业议价能力较强，利率上浮幅度大（兴业银行上浮29.76%，浦发银行上浮25%~30%，中国银行上浮28.18%，招商银行上浮25%）。

在市场和利润约束下，各银行业务重心正逐步向小微企业转移。一是设立小微企业专营机构，配备专业人员。工商银行在二级分行设立了小企业金融业务中心，配置专职人员。中国银行通过“菜单式”联训计划和以岗代训等方式加强对客户经理小微信贷风险识别能力的培训。二是配备专项贷款规模。兴业银行实行单独的小微企业信贷规模配置与管理，优先保障小微企业信贷需求，规定大中型企业不得挤占挪用。三是开展小微企业产品创新。浦发银行开发了“银园宝”、“银通宝”等“五宝一厂”小微贷产品。

（三）息差收窄，金融机构盈利能力减弱

利率市场化改革和理财产品快速发展使银行资金成本增加。普通存款的资金成本通常为1%~2%，而理财产品的资金成本通常为4%~5%。

贷款利率水平回落。广发银行反映，2013年1~2月贷款定价整体比2012年四季度降低了70个基点。福州中心支行反映，受银行人民币信贷额度限制及境内外市场人民币资金价差影响，一些大中型企业通过内保外贷转向境外进行相

对低成本的人民币融资来替代票据融资，部分国有大型银行以票据资产来占信贷规模，降低了利率。

中间业务收入下降。多数访谈银行表示，目前理财产品一般用做吸纳存款的工具，在当前存款竞争加剧的情况下，变现提高了存款利率，降低了中间业务收入。中国银行广东省分行透露，2012年中国银行中间业务收入占营业净收入的25%左右，主要以理财产品为主。

（四）资产风险上升

金融机构不良贷款额和不良率有所上升，小微企业表现明显。南京分行反映，主要受钢贸和光伏行业不景气影响，江苏省不良贷款攀升。截至2013年2月末，江苏省不良贷款额为770亿元，其中2013年前两个月增加140亿元。杭州中心支行反映，由于企业生产经营效益并未明显提升，企业出险仍在持续。2月出险企业34家，比上月下降21家。出险企业数量在持续5个月上升后出现下降，但这种下降态势更多是因春节因素的暂时性下降，持续性仍有待观察。

融资平台贷款风险基本可控，但存在负债率高、还本付息压力大的问题。随着前几年发放的贷款陆续到期，加之地方政府的投资冲动，地方财政收入增长乏力、还款压力增大。广西柳州城市投资建设发展有限公司2013年需要40亿元用于归还债务，而公司收入仅为16亿元，还债缺口占2012年柳州市财政收入的10%。

未来金融风险仍然较大。一是当前不良贷款未能完整、及时地反映金融风险。部分企业信贷风险已经显现，但由于贷款没有到期而没有在不良贷款中反映；部分企业将问题贷款转让给其他企业，增大了其他企业风险；部分银行由于考核压力，推迟确认不良贷款等。二是当前金融风险点仍然较多。房地产、政府融资平台等潜在风险依然存在；部分行业经营环境仍然严峻，经营性风险较为突出，如光伏、钢贸行业等。三是担保链风险对企业影响有所减弱，但并未完全消除。福州中心支行调查问卷显示，42.9%的金融机构认为下阶段小企业贷款风险将会上升；26.8%的金融机构认为未来需关注房地产贷款风险；71.7%的金融机构认为融资平台整体风险仍在可控范围内。

五、财政压力加大，但企业税负仍偏重

财政收入增速放缓，收支压力加大。受企业效益下滑、结构性减税、小微企业所得税优惠政策等因素影响，税收增速下降较快。非税收入快速增长，税收收入占财政收入比重走低。2013年1~2月，湖北省非税收入84.36亿元，同比增长45.7%，比上年同期上升39.8个百分点。江西省税收收入占财政总收入的比重为76.1%，同比回落1.4个百分点，为近年来同期最低。全省有27个县（市、区）税收收入占财政收入的比重低于70%，最低的仅为47.4%。

财政支出保持刚性增长，民生支出增长较快。2013年1~2月，浙江省公共

财政预算支出为647.33亿元，同比增长16.0%，比财政预算收入增幅高7.9个百分点，其中民生类支出占总支出的比例为72.0%，高出上年同期1.4个百分点。广西地方公共财政预算支出358.13亿元，同比增长27.0%，比财政预算收入增幅高18.2个百分点。其中民生支出合计274.09亿元，占全区财政支出的76.5%，占比较上年提高3个百分点。

企业税负仍然较重。一是多数企业反映税负偏重。安徽衢州调研显示，82.57%的企业表示税收负担同比加重。多家纺织企业反映棉花增值税进项税率为13%，而产成品销项税率为17%，相当于未“增值”就缴纳4%的税，税收机制设计不合理。二是有的地方企业负担不减反增。深圳地区各受访企业表示，以前城市建设维护税按1%税率征收，现在则按7%税率征收。以前教育费附加按3%税率征收，现在则在此基础上，又按2%税率加征了地方教育费附加。这两项税费合计税率已从4%提高到了12%，是原来的3倍。三是预征税款现象在多地存在。江西华孚纺织有限公司反映，该企业2012年缴纳的税金为3000万元，而预缴增值税税金高达1000万元。

未来财政收入下行压力依然较大。一是企业盈利状况仍然不佳，税源依然不稳，预征收入缺乏可持续性。二是受房地产调控影响，作为2013年初财政收入重要增长点的房地产行业税收和土地出让收入增速可能下降。三是国家扩大“营改增”试点范围，结构性减税力度将进一步增加。支出方面，2013年实行积极的财政政策，财政支出仍将保持较高增速。银行对地方融资平台严格控制，2013年又是地方政府到期债务高峰年，部分地方还面临社保资金缺口，财政资金紧张的矛盾将更加突出。

六、政策建议

保持宏观经济政策的连续性和稳定性，进一步巩固经济复苏势头。在坚持稳货币的前提下，着力搞活信贷和金融，引导金融更好地支持实体经济和制造业。财政政策方面，在积极财政政策的总基调下，要把结构性减税落到实处，切实减轻企业，尤其是中小企业的税费负担。房地产政策方面，应尽快推出以市场调节为主、政策保障为辅的市场化运行机制，推进房地产市场的平稳运行，可考虑保障低端需求，放开高端需求，资助中端需求。融资平台政策方面，要规范与开放相结合，开正道、堵邪门。

2013 年我国物价走势预测分析

中国人民银行南京分行调查统计处

本文对 2002 年以来 CPI 三轮周期性上涨中的主要影响因素进行了分析，并在研判这些因素未来变化趋势的基础上，对 2013 年 CPI 的走势进行了预测。

一、近十年我国 CPI 三次周期性上涨中的主要影响因素

2002 年以来，CPI 当月同比涨幅共经历了三次较为明显的周期性上涨，分别是：2002 年 4 月至 2004 年 8 月、2006 年 4 月至 2008 年 2 月、2009 年 8 月至 2011 年 7 月。在以上三个周期中，推动 CPI 上涨的主导因素有所不同，但主要集中在农产品供给冲击、经济快速增长、货币供给宽松和输入性通胀等方面。

（一）农产品供给冲击是影响 CPI 变化的主要结构性因素

由于食品占 CPI 权重的 1/3，因此其价格变化对 CPI 走势的直接影响很大。在历次 CPI 周期性上涨阶段，均伴随着粮食或者猪肉等农产品价格的大幅上涨。在第一轮 CPI 上涨周期中，粮食减产导致粮价大幅上涨，粮食价格当月同比涨幅从 2002 年 1 月的–0.7%持续上升至 2004 年 4 月的 33.9%。在第二轮、第三轮 CPI 上涨周期中，猪肉价格大幅上涨推动了 CPI 走高。2006 年全国猪蓝耳病大流行，导致 CPI 中猪肉价格当月同比涨幅从 2006 年 6 月的–16.8%持续飙升至

表 1　2002 年以来 CPI 三轮周期性上涨中的主要影响因素

主要影响因素	2002 年 4 月至 2004 年 8 月	2006 年 4 月 至 2008 年 2 月	2009 年 8 月至 2011 年 7 月
农产品供给	粮食价格大幅上涨	猪肉价格快速上涨	猪肉价格快速上涨
经济环境	经济总体偏热，货币增长较快	经济快速增长，流动性过剩	经济快速回升，货币增长较快
输入性通胀	国际大宗商品价格较快上涨	国际大宗商品价格大幅上涨	前一阶段国际大宗商品价格波动上涨

2007年7月的80.9%。2010年底全国范围内猪蓝耳病再度流行，推动猪肉价格当月同比涨幅从2010年5月的0.8%持续升至2011年6月的57.1%。

（二）经济增速和货币条件对CPI走势的影响较大

从历次CPI上涨周期看，CPI持续较快上升，往往还与经济高增长和货币供给宽松相伴。在第一轮、第二轮CPI上涨周期中，经济总体偏热，总需求扩张，货币供应量快速增长，其间GDP平均增速分别为10%、13.3%，M2平均增速也分别达到17%、18%。在第三轮CPI上涨阶段，国家为应对国际金融危机出台了一系列需求刺激政策，不仅带动GDP增速在2009年二季度快速回升，于2010年一季度到达11.9%的周期性高点，而且导致货币供给飙升，M2同比增速于2009年11月升至29.74%的历史高点。

（三）输入性通胀也对CPI的持续上升起到了推波助澜的作用

在第二轮CPI上涨周期中，全球流动性泛滥，加之需求旺盛，推动国际大宗商品价格指数CRB同比涨幅从2005年12月的3.43%上升至2008年2月的周期性高点28.7%，并向国内传导，导致我国原材料价格不断走高。

二、未来一段时间CPI主要影响因素的走势

（一）粮食价格继续平稳上涨，猪肉价格可能步入较快上涨周期

1. 粮食价格将继续平稳上涨。从需求方面看，人口、居民收入稳步增长，使得短期内粮食需求保持稳定；从供给方面看，2012年我国粮食再次取得丰收，供应量总体相对充足。但考虑到种粮成本不断提高、国家持续提高最低粮食收购价格等因素，预计今后一段时间国内粮食价格仍将延续平稳上涨的走势。

2. 猪肉价格可能在2013年下半年进入新一轮较快上涨周期。我国的猪肉价格运行具有较为明显的周期性特征，一般3~4年为一个周期，其间猪肉价格经历上涨和下跌两个阶段。本轮猪肉价格上涨周期始于2010年5月，于2011年6月见顶；2012年5月进入下跌周期，并于同年7月见底，受生产周期影响，预计下跌周期结束时间出现在2013年5月、6月。

经过一个完整的涨跌周期后，在不发生重大影响事件①的情况下，2013年下半年猪肉价格可能会进入新一轮较快上涨周期。主要基于以下判断：（1）目前猪粮比价较低，广大生猪养殖户处于保本或微利状态，减产提价的概率较大。2013年以来，猪粮比价先升后跌，在2月降至6.5:1后，3月又进一步跌破6:1的盈亏平衡点，后期还有继续下跌的可能。（2）生猪供给正逐步减少。从2012年10月起，全国生猪存栏量已由升转降，截至2013年2月底，累计降幅为5.2%，生猪潜在供给下降会加快未来猪

① 2013年3月以来，江浙地区发生了H7N9禽流感疫情，由于目前世界卫生组织表示不排除该禽流感源自猪的可能，因此，如果这一事件获得证实，将会降低猪肉消费，进而对后期猪肉价格走势产生一定负向影响。

肉价格的上涨。

（二）经济增长大幅回升的概率不大，总需求对物价的拉动力有限

2013年前两个月，经济总体延续回暖态势。从未来一段时期看，在投资回升、消费稳步增长的带动下，国内经济有望继续小幅回升。同时也要看到，目前中国经济仍面临着不确定性，短期内强劲增长的动力不强。我们预计未来一段时间经济出现高涨或者偏热的概率较小，将继续呈缓慢回升走势。在此情形下，我国还不存在总需求大幅扩张的条件，需求对物价的拉动力有限。

（三）货币政策继续保持稳健，货币供给大幅增长的可能性不大

从后一阶段看，在宏观经济增长重心下移以及大部分工业品领域产能过剩的背景下，实体经济信贷需求回升对信贷增长的拉动有限。与此同时，受国内经济潜在增速下移、人民币汇率双向波动增强以及资本项目开放逐步推进等因素影响，国际资本流入压力将会有所减轻，外汇占款持续大幅上升的可能性降低，未来增长有望进入收敛阶段。因此，我们判断，后一段时间货币供给大幅增长的概率不大，货币条件将保持平稳，不会构成物价持续大幅上涨的推力。

（四）国际大宗商品价格上涨空间有限，可能继续呈震荡走势

2013年以来，CRB指数延续下降走势，1~2月CRB指数累计同比下降1.82%。从未来一段时间看，需求变化仍是主导国际大宗商品价格走势的主要因素。目前，虽然美国经济有望保持缓慢增长，但欧洲主权债务处理进程存在反复，给全球经济增长带来下行压力。在此背景下，国际大宗商品价格上涨缺乏实际需求支撑。

我们认为，未来一段时间，国际大宗商品价格上涨对我国所带来的输入性通胀压力应该不会太大。

（五）劳动力成本和资源品价格不断上升，将成为今后一段时间推升物价的持续压力

1. 劳动力价格将继续刚性上涨。近年来，受劳动力供需总量与人口结构变化等因素影响，我国劳动力成本上涨较快，已经成为企业成本上升的重要因素。据统计，2005~2011年城镇单位就业人员工资年均增幅约为14.8%。预计劳动力价格将在一定时期内继续刚性上涨，在企业劳动生产率难以大幅提高的背景下，必然推动物价持续上升。

2. 大部分资源品价格将因改革而走高。未来数年内，随着资源品价格以及税费改革的持续推进，水、电、气、油以及矿产等资源品价格将持续上涨，对广大企业的生产成本提高带来较大压力，并可能向下游消费物价传导。

三、2013年物价走势预测

（一）2013年全国CPI将逐步走高，全年累计涨幅约为3.1%

根据模型[①]测算，2013年全国CPI

① 我们分别构建了基于CPI时间序列的ARMA模型和基于CPI与主要影响因素的VAR模型进行预测，在综合考察不同模型预测结果的基础上，最终得出CPI的预测值。

平均上涨约3.1%，其中，翘尾因素为1.1%，新涨价因素为2%。2013年一至四季度，预计全国CPI当季累计同比涨幅分别为2.5%、2.7%、2.9%、3.1%，呈逐步走高态势。

（二）猪肉价格将成为CPI周期性上涨的主要推力，其他因素影响相对较弱

1. 猪肉价格对2013年CPI走势影响明显。考虑到历次CPI周期性上涨中猪肉价格的影响力，2013年猪肉价格可能再次成为CPI周期性上涨的主要推动因素。

2. 从经济条件看，预计短期内经济不会出现偏热的情况，2013年仍然呈温和回升走势，总需求对物价的压力应该不会太大。从货币条件看，2013年货币条件将保持平稳。因此，虽然目前货币存量较高，但我们认为2013年CPI还不具备大幅上涨所需的经济和货币条件。

3. 输入性通胀压力对国内物价的影响有限。一方面，受需求总体减少、供给相对宽松影响，2013年国际大宗商品价格大幅上涨的空间不大，可能仍呈震荡走势；另一方面，由于国内物价传导链条较长，加之中下游企业成本转嫁能力较弱，价格传导机制总体不畅，使得国际大宗商品价格对CPI的最终影响不大[①]。基于CPI与主要影响因素的VAR模型结果[②]也显示，CRB指数对CPI变化的平均解释程度仅为2%左右，明显低于猪肉价格。

4. 全年翘尾因素有所减弱，会拉低CPI同比涨幅。由于2012年CPI环比负增长的月份较多，因而对2013年的翘尾因素具有明显的下拉作用。根据2012年各月环比CPI测算，2013年CPI翘尾因素平均约为1.1个百分点，比2012年低0.1个百分点。

（三）简要结论

基于上述分析，预计从2013年起我国物价将进入新一轮上涨周期，不过由于约束因素较多，加之目前处于上涨周期的起点，在供给层面不发生较大冲击的情况下，短期内CPI大幅上涨的可能性不大，将继续呈小幅上涨走势。

从全年走势来看，2013年上半年由于缺乏领涨品种，预计CPI涨幅不高；从下半年开始，在猪肉价格上涨等因素带动下，CPI可能将逐步走高。

执笔：曹小艳　张建平

① 参见张建平：《我国输入型通胀压力及其治理研究》，载《金融纵横》，2011-11。

② 我们针对CPI、产出缺口、流动性指数、CRB同比增速、猪肉价格指数等指标，基于VAR模型的脉冲响应分析方法进行了定量分析。

经济回升基础不稳 金融风险担忧加剧

——2013年一季度重庆市经济金融形势调研报告

中国人民银行重庆营业管理部调查统计处

为全面、深入了解当前重庆市经济金融运行特点，准确把握未来经济运行趋势，重庆营业管理部进行了一系列调研。调查结果显示，当前宏观经济继续呈现一些回暖迹象，但回升基础尚不稳固；信贷需求总体上升，但银行对潜在风险担忧加剧。

一、宏观经济继续呈现一些回暖迹象

（一）上游及高技术含量的行业经营状况明显向好

一是能源产业复苏步伐明显加快。据对重庆10家重点电力、热力、燃气及水的生产和供应企业的调查表明，2013年1~2月10家企业销售收入同比上涨19.34%，较上年同期涨幅高出11.6个百分点，实现利润是上年同期的14.7倍。作为经济运行的先导性行业，能源产业复苏步伐提速，预示宏观经济运行正在继续转暖。

二是拥有技术优势的行业企稳回暖迹象明显。从对全市65家电子及通信设备制造业、电气机械制造业、机械设备制造业、交通运输设备制造业等技术密集型企业（以下简称65家企业）调查显示，63.1%的企业表示2013年一季度订单较上季度和上年同期均有所增加。2013年1~2月，这65家企业实现利润较上年同期增长85.2%。

（二）经营向好的企业投资意愿增强，进而带动全市工业投资快速增长

一是经营向好的企业基建、设备投资意愿“双升”。从对65家企业调查结果看，在3个月内和6个月内计划加大基建投资的比重分别为56.9%和60%，在3个月内和6个月内计划加大设备投资的比重分别为60%和66.2%。同时，2013年1~2月，全市电力、热力、燃气及水的生产和供应业完成投资36.55亿元，增长69.3%，增幅较上年同期高出54.5个百分点。

二是国内经营情况向好助推外商工业投资高速增长。由于国内经营情况逐步向好，与国外市场低位徘徊形成鲜明对比，外商对国内技术密集型工业的投资力度也不断增强。2013年1~2月，全市外商工业投资同比增长59.8%，较全市工业投资增速高出24.6个百分点。

（三）房地产、汽车消费有所回升

一是刚需和改善型住房带动房地产销售回暖，房企库存向合理水平回归。2013年1~2月，重庆商品房销售面积同比增长24.5%，而上年同期商品房销售面积同比下降4%。从房地产企业座谈结果看，部分定位于青年刚需和普通改善型的中小户型楼盘出现开盘即销售超过90%的情况。随着商品房销售的回暖，以及2012年以来营销力度的加大和开发节奏的调整，受访房企的存量房正逐步消化，库存向合理水平回归。同时，新"国五条"出台后，二手房房源激增，集中交易现象十分突出。据统计，截至2013年3月7日22时，在重庆搜房网登记出售二手房源共286826套，较2月底增加11588套，几乎与过去6个月平均月度增量相当。同时，2013年3月4日以来，重庆市主城区土地房屋权属登记中心日均过户数量较新政出台前平均增加1倍以上。

二是汽车销售好于全国。在全国汽车销售同比仅增长6.9%的情形下，重庆汽车销售形势急速反弹。2013年1~2月，全市汽车产量同比增长18.6%，增幅较上年同期高出29.1个百分点。据长安公司介绍，汽车销量反弹主要受需求回暖、新车型市场认可度较高以及抢占了部分"日系车"市场份额（受"钓鱼岛"事件的持续影响，长安铃木销售呈负增长态势）。

（四）IT产业继续发力，外贸整体保持较快速度增长

2013年1~2月，重庆外贸进出口值75.5亿美元，同比增长40.9%，增长幅度列全国第11位。其中，出口53.8亿美元，同比增长54.8%，进口21.7亿美元，同比增长15.3%。外贸增长主要依靠IT产业的继续发力。2013年1~2月，重庆出口机电产品40.9亿美元，同比增长37.6%，占全市出口额的76%。其中，出口便携式电脑548.8万台，价值20.3亿美元，同比增长6.2%。同时，服装产业迎来周期性反弹，出口成倍增长。2013年1~2月，全市出口服装1.6亿美元，同比增长1.9倍，扭转了2012年以来的出口颓势。

二、当前宏观经济回升基础明显不够稳固

（一）制造业复苏进程出现明显分化，相当部分企业经营仍处于低迷状态

对全市113家其他制造业企业（不含电气热、电子及通信设备制造业、电气机械制造业、机械设备制造业、交通运输设备制造业企业）调查结果显示，认为"订单饱满"的占比不到10%，认为"经营状况良好"的占比不足25%，在3个月内和6个月内有投资意愿的均不足30%。

一是产能过剩行业经营状况仍然较为恶劣。据对重庆4家钢铁企业调查显示，2013年1~2月4家公司实现利润-1.7亿元，均处于亏损扩大状态。由于水泥产业仍处于严重的产能过剩状态，重庆某大型水泥公司2013年一季度的订单同比下降36.78%。而在光伏产能过剩的大背景下，重庆某多晶硅生产企业还遭遇国际社会对多晶硅实行的“双反”（反倾销、反补贴）策略，导致其目前已基本停产。产能过剩行业对未来经济形势普遍持悲观态度。

二是成本上升较快制约企业经营发展。一方面，企业普遍反映劳动力成本明显上涨。参与座谈的多家企业表示，当前劳动力成本持续上涨已成为影响企业经营发展的重要因素。另一方面，原材料价格的上涨极大制约了企业盈利能力。此外，有企业反映经营场所租金上涨过快，影响企业正常经营。

三是企业间债务拖欠问题较为严重。从企业座谈结果看，各个行业均存在程度不一的企业债务问题。据企业反映，在当前的宏观经济环境下，较强势的企业拖欠上、下游企业款项已成为惯例，这对弱势企业造成极大的资金困扰。

四是经营状况较差企业反映税负过高。重庆某化工企业表示，当前税负不减反增，压力很大，甚至需要通过融资来缴税。某水泥生产企业反映，当前税种繁多，企业总体税负较重，至少需要缴纳增值税、企业所得税、教育费附加、地方教育附加税、城市建设附加税、土地使用税、房产税7项税收。

（二）政府投资意愿强烈，但其效果仍受到多方因素制约

在城镇化建设的推动下，地方政府投资意愿强烈。2013年重庆固定资产投资计划完成约10900亿元，较上年同期增加16%。但在财政失衡加剧、平台贷款受到限制、土地监管趋严的情形下，各级政府，尤其是区县政府对于能否完成预期投资都存在一定担忧和疑虑。

一是财政资金制约较为明显。2013年，重庆万州区预计公共财政预算收入为46.6亿元，同比增长13.5%，比2012年下降7.1个百分点。而受社会保险、低保、再就业等民生领域继续提高最低标准影响，增支压力较大，全年公共财政预算支出预计达68.49亿元，财政收支缺口明显，难以较好地保障各投资项目的顺利推进。

二是平台融资的日益严格和困难加剧了地方政府融资难度。据涪陵区发展改革委反映，国家加大了对地方投融资平台的清理整顿，使得地方融资更加困难。而目前地方政府中长期债券融资渠道尚未打通，中小企业集优债的门槛又相对较高，一些重点项目融资几乎无从下手。

三是土地约束日益显现。重庆涪陵区发展改革委表示，受国家用地相关政策的影响，建设用地指标已相对减少。重庆万州区发展改革委也表示，当前用地指标难以争取，推进投资项目都将受到土地问题制约。

2013年1~2月全市基础设施建设投资同比增长-2%，创历史新低，一定程度上说明当前政府推进相关投资遇到了更大的难题和阻力。

（三）中央倡导的厉行节约使餐饮及高端消费减少，2013年消费增速预计较2012年放缓

在中央勤俭节约的倡导下，重庆市限额以上住宿和餐饮业企业增速明显放缓。据统计，2013年1~2月全市限上住餐企业实现营业额31.49亿元，同比增长7.7%，比上年同期回落11.6个百分点。星级宾馆餐饮收入同比下降13.0%，比上年同期回落24.6个百分点，高档酒店消费回落显著，五星级以上酒店餐饮收入普遍下降三成左右。

若经济形势没有太大变化的话，预计2013年消费增长速度较2012年将会放缓。

（四）国外政局动荡、欧债危机阴霾尚存以及订单向东南亚加速转移使企业对2013年外贸形势表示忧虑

对全市38家外贸企业进行的调查显示，当前认为全年外贸形势良好的企业占比不足1/3，超过50%的企业对2013年外贸形势表示担忧。

三、信贷需求总体上升，潜在风险担忧加剧

（一）信贷需求总体上升，但分化明显

对重庆市56家银行的问卷调查显示，67.86%的银行认为2013年一季度客户贷款需求“增长”，较上年四季度上升10.71个百分点。

从产业和行业结构看，信贷供需主要集中在第二、第三产业，包括基础设施建设等民生工程、房地产业、现代服务业、汽车摩托车等重庆支柱产业以及笔记本电脑、航天制造、生物医药等战略性新兴产业，这与实体经济复苏进程基本一致。

从主体结构看，小微企业贷款需求增长强于大中型企业。调查显示，认为大型、中型、小型企业贷款需求“增长”的银行家占比分别为26.79%、39.29%和62.5%。

从期限结构看，短期贷款需求较中长期贷款需求强劲。调查显示，认为经营周转贷款需求“增长”的银行家占比达到55.36%，较固定资产贷款需求“增长”的占比高出25个百分点。

从项目储备看，大型银行表示2013年贷款储备较多，其中，基础设施建设类、制造业类和房地产类贷款占比较高。而小型股份制和地方法人银行反映贷款储备不足。

（二）银行对小微企业的信贷支持力度加大，对房地产行业审慎择优支持，对政府融资平台信贷政策进一步收紧

银行对小微企业的信贷支持力度加大。由于小微企业的投资回报相对更高、大中型企业客户资源竞争过于激烈，多家银行表示信贷投放力度向小微企业倾斜。如民生银行重庆分行大力发展小微企业贷款业务，2013年2月末小微贷款余额同比增长39.7%，客户数同比番了一番；重庆银行将推进小微企业金融服务定位为实现业务转型和可持续发展的战略举措，新设立了小微企业金融中心，坚持走批量化、精细化服务路线。

银行对房地产行业贷款继续审慎择

优支持。受城镇化进程加快、刚性和改善性需求仍较为旺盛等因素影响，银行普遍对未来十年内房地产市场持乐观态度，认为房价暴涨或暴跌的概率较小，稳中有升是大势所趋。但从长期看，随着城镇化的逐步完成、人口红利的逐渐消退，未来十年至二十年，房地产市场可能面临需求不足、存量过剩的局面，因此银行对房企的选择性和审慎性进一步加强。工商银行重庆市分行表示，目前银行对房企执行名单制管理，未进入名单的企业将受到限制。进入银行的房地产企业均为规模大、经营好、信誉强的房企。房企进入工商银行名单的基本要求为全国百强或重庆五十强。同时，银行对房地产开发贷款的审核和贷后管理力度也相应加强，更为审慎。

同时，受《关于加强土地储备与融资管理的通知》（国土资发 [2012] 162 号）和《关于制止地方政府违法违规融资行为的通知》（财预 [2012] 463 号）文件出台影响，银行普遍反映对融资平台的信贷政策进一步收紧。多家银行表示已停止发放政府融资平台新增贷款，仅维持存量项目的续授信，平台类企业贷款余额逐渐萎缩。

（三）银行资产质量持续改善，但潜在风险担忧加剧

2013 年 2 月末，重庆市银行业金融机构不良贷款余额为 68.39 亿元，较年初减少 5.19 亿元，不良率为 0.42%，较年初下降 0.05 个百分点。银行不断加强风险控制，资产质量持续改善，不良率处于较低水平。从银行座谈结果看，与会银行对未来风险担忧加剧。

与会银行普遍认为小微企业贷款风险急剧上升。银行普遍反映随着小微企业信贷规模不断扩大，信贷风险也随之上升。民生银行重庆分行反映小微企业客户出现贷款逾期的频率有所增加；重庆银行江津支行反映，目前该行仅有的 4 笔不良贷款均为微型企业贷款，占微型企业贷款总笔数的 1.35%，不良金额为 15.18 万元，占微型企业贷款余额的 0.63%。同时，重庆银行江津支行表示，2012 年 7 月以前政府部门对微型企业贷款发放 3%的财政贴息，但 7 月以后该政策已停止，导致银行经营微型企业贷款风险上升的同时，经营利润也大幅下滑，影响了基层银行发放微型企业贷款的动力。

随着房地产调控的持续深化，银行预期中小房地产开发企业资金链将面临更大的考验，并表示个人不良率上升的压力有所加大，但由于银行对房地产企业贷款投放持续谨慎，对重庆房地产市场的判断为平稳发展，银行预期房地产类信贷风险可控。

受融资平台相关政策影响，不少银行对平台存量贷款风险表示担忧。银行表示，若已发放贷款的平台企业未列入土地储备机构名录，并对其土地储备进行剥离，则将影响其还款来源，进而对银行资产质量带来不利影响。

同时，银行反映，在当前国内经济仍低位运行、国际经济复苏不力的情况下，结构调整行业、外向型企业存量信贷资产压力仍然较大，不良资产可能暴露不充分、不及时。

当前四川省经济运行中值得关注的问题及经济发展趋势分析

中国人民银行成都分行调查统计处

随着新一届政府开始履职，在政策优势、产业转移、工业化城镇化驱动等积极因素推动下，市场主体及相关部门预期普遍谨慎乐观，先行指标显示下阶段全省经济仍将处于中速增长状态，继续形成全国经济的重要支撑。

一、当前经济金融运行中值得关注的主要问题

（一）短期内全省经济复苏的基础并不稳固

2013 年 1~2 月全省多项经济指标大幅度下滑，经济增长继续面临回调压力，并且这一趋势短期内难以明显改善。一是经济增长方式难以快速转变。全省经济对投资的依赖性依然较强，消费不足以迅速成为经济增长的主要驱动力，对外贸易虽然快速发展，但在全省经济中的比重仍然较低。二是投资继续强势增长的后续力不足。汶川地震以来的 4 年期间，全省投资基数已增长 1.4 倍，投资面临的资金、能源、土地、劳动力等各方面的制约愈加显著，前两个月全省新开工项目数锐减，继续高速增长的势头难以持续。预计 2013 年一季度全省经济增速继续放缓，二季度开始逐步企稳。

（二）工业经济运行中的深层次矛盾相互迭加

2013 年以来，全省工业生产面临严峻形势，需求低迷、产能过剩、竞争力及后劲不足等深层次矛盾相互叠加，企业去库存周期仍在延续。一是传统行业需求不足。国内消费市场变动的新特点及新趋势导致全省农副食品加工、酒类制造等传统产业大幅下滑，并带动区块内上下游产业链的整体低迷，增速下滑。二是支柱行业产能过剩。目前全省六大高耗能产业增加值占比仍达到 1/4 以上，这些行业整体面临产能过剩压力。以钢铁行业为例，调研发现钢铁行业存货居于历史高位，抑制短期生产能力提升。

图 1 主要景气指标位于历史低位

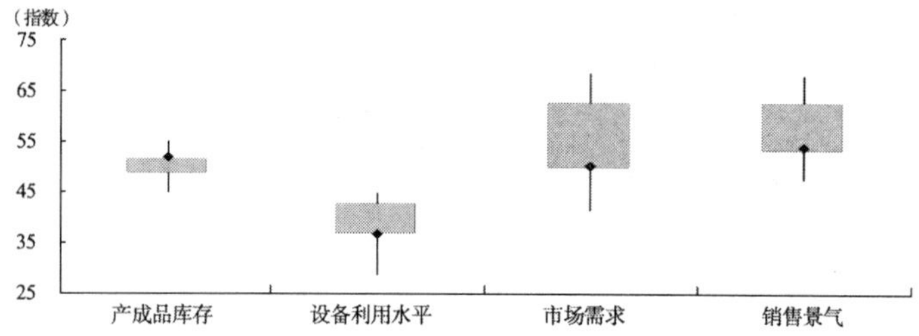

数据来源：中国人民银行人行成都分行。

加之受节能降耗政策影响，个别市州高耗能企业停产达 20%以上。三是国有企业发展缓慢。全省国有企业发展明显拖累整体工业增长。2013 年 1~2 月，全省国有企业增加值仅增长 4.5%，较全省平均水平低 7.2 个百分点，并且国有企业大多属于低水平重复建设，产品同质化严重，竞争力不足，导致其 2012 年亏损额占全省的 72.5%。

（三）房地产市场调控政策效果暂不明显

2013 年 3 月 1 日，国务院发布了新“国五条”，其中对二手房交易差额征收 20%个税的细则对市场冲击最大。从政策意图来看，房地产调控将逐步实现从“一刀切”向“差异化”调控转变，从“限购”向“限售”转变，从行政性调控方式向市场化调控方式转变。但从 2013 年 3 月以来的房地产市场表现来看，调控政策效果仍不明显。一是二手房市场快速升温，新房市场总体平稳。根据成都分行从成都、眉山、南充、巴中等地调研情况看，新“国五条”细则出台后，各地二手房成交均出现暴涨，其中成都市主城区在新“国五条”出台后两周累计新房成交 4761 套，二手房成交 4467 套，新“国五条”出台前两周新房及二手房分别累计成交 3924 套和 2892 套。二是土地市场溢价率高企。据四川省国土资源厅信息反映，2013 年 3 月以来全省土地市场流拍现象大幅减少，溢价率上涨，个别地块溢价率高达 100%以上。

（四）定期存款持续增长暗示企业经济活跃度下降

2012 年以来，全省单位存款定期化现象明显，全年单位定期存款新增 1792 亿元，同比多增 947 亿元，定期存款在单位存款中的占比由 2012 年的 46.3%提高至 63.7%。2013 年前两个月，全省单位定期存款新增 355 亿元，同比继续大幅多增 287 亿元，特别是 2 月当月逆势新增 203 亿元。单位定期存款占比增加表明企业未来信心依然不足，投资预期较低，补库存意愿谨慎。成都分行 2013 年一季度银行家问卷调查结果显示，企业信贷需求指数在上季度短暂回升后再度小幅回落 0.42 个百分点，微观主体对未来经济回升预期仍然较弱，经济复苏基础仍待进一步巩固。

二、未来全省经济走势判断

（一）工业：弱势回升

四川工业经过过去五年年均 20.2% 的高速增长，工业增加值总量突破 1 万亿元大关，工业发展阶段也正在加速转化，潜在增速也逐步进入中速增长期。因此，当前四川省工业增速尽管已经明显放缓，但未来发展仍然面临诸多有利条件和积极因素：一是我国发展仍处于可以大有作为的重要战略机遇期，特别是工业化、信息化、城镇化和农业现代化“四化”同步推进，这将为四川加快发展实体经济提供广阔的市场空间。二是国家深入实施新一轮西部大开发，推进成渝经济区建设，支持革命老区、民族地区、贫困地区发展，四川省加快天府新区建设，加快工业化城镇化互动发展，实施一批事关四川全局和长远发展的基础设施和产业发展项目，这将形成对四川省内工业产品特别是大宗原材料、装备等产品强有力的市场拉动。三是四川实施多点多极支撑发展战略，提升首位城市、着力次级突破、夯实底部基础，将全方位激发省内各地工业发展动力和活力，构建起强有力的工业梯队支撑。四是近年来四川省西部综合交通枢纽建设取得显著成效，铁路、航空、水运、港口等通道建设加快，工业发展创造的优良物流环境基本形成。此外，成都分行 2013 年一季度企业家问卷调查结果也显示未来全省工业运行预期向好，多数代表企业对所在行业以及宏观经济判断的指数均较上季度不同程度回升，其中经济热度指数环比回升 3.6 个百分点，产品的市场需求指数环比回升 4.4 个百分点，产品销售景气指数环比回升 1.6 个百分点，固定资产投资预期指数环比回升 0.6 个百分点。但是回升趋势仍较脆弱，多项景气指标位于历史低位，明显属于弱势回升的范畴。

（二）消费：逐步回稳

前文分析的影响 2013 年 1~2 月全省消费增速较大幅度回落的三个因素中，前两个因素合计导致社会消费品零售总额增速回落 2.5 个百分点，贡献度达到 75.8%。而这两个因素中，闰月因素会随着时间的推移自动弱化，至下半年影响将不足 0.5 个百分点；价格因素则随着 2012 年商品零售价格总指数的逐步回落以及 2013 年预期的缓慢上升趋势也将在年中前后抵消。因此，即便其他因素不变，社会消费品零售总额累计增速也将在年中左右回升 2 个百分点至 15%。加之全省消费市场的积极变化，如消费结构升级明显，2013 年 1~2 月汽车类零售额同比增长 16.8%，较上年同期提高 7.6 个百分点，将进一步巩固未来消费逐步回升的趋势。

（三）投资：不确定性强

一是政府主导投资将继续较快增长。政府工作报告中特别提出，“日前投资在促进经济增长中的作用不可低估。中国既有投资能力，又有投资需求，关键在于选准方向、优化结构、提高投资的质量和效益。”预计政府仍将主要通过投资以及对于投资的结构调整实现稳增长

图 2 物价步入温和回升阶段

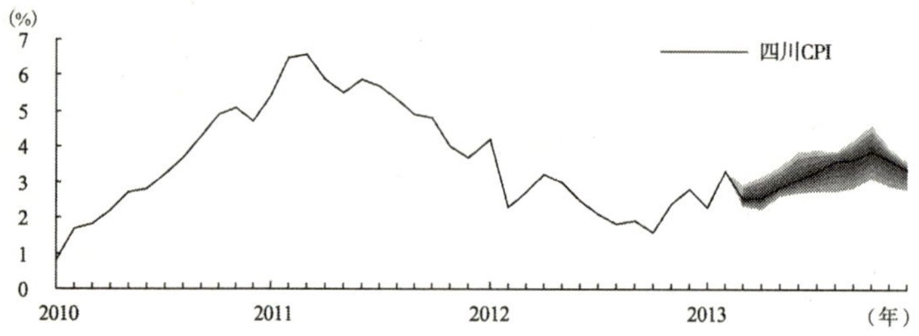

数据来源：中国人民银行人行成都分行。

和调结构的目标。资金方面，中央预算内投资拟安排 4376 亿元，高于 2012 年预算的 4026 亿元。地方政府债也将新增 3500 亿元，比 2012 年的 2500 亿元大幅提高。二是新开工项目指标显示后续投资增长面临挑战。2013 年前两个月，全省新开工项目个数较上年同期减少了 249 个，新开工项目完成投资 632 亿元，同比下降–25.7%。三是民间投资增长依然乏力。2013 年 1~2 月，全省民间投资完成 1234.4 亿元，同比增长 21.3%，增速比全社会投资低 2.1 个百分点。

（四）物价：温和上涨

2013 年一季度，四川省城镇居民储户问卷调查结果中居民物价预期指数较上月大幅提高 8.4 个百分点。值得关注的推动物价的因素：一是猪肉价格上涨预期较强。成都分行对生猪生产大市资阳的实地调查显示，近期猪肉价格持续下跌，已经严重影响到生猪养殖利润，而从中长期来看，猪肉价格上涨预期较为强烈。历史规律显示，猪肉价格“一年涨、一年平、一年跌”的三年走势会逐步发挥作用。2011 年 10 月以来，猪肉价格总体处于下跌阶段，按照 43 个月的波动周期计算，到 2013 年下半年，猪肉价格可能逐步企稳并进入上升通道。受年初干旱影响，受调查企业普遍认为粮食、饲料价格将进一步上涨，加上人工成本的不断提高，预计 2013 年下半年猪肉价格将出现较为明显的上涨。二是资源性产品价格市场化改革加速推进。2012 年 6 月 21 日，四川省发展改革委制定出台全省居民阶梯电价方案，并于 12 月 7 日下发《关于实行天然气综合价格的通知》，在全国先行推进天然气价格形成机制改革。资源性产品价格改革最终将通过交通居住类的直接传导、上下游产业链的间接传导以及加剧居民通胀预期三个途径对 CPI 造成上行影响。三是劳动力价格继续上涨。成都分行对全省 15 个市州 19 个省级劳务开发基地县或省级外派劳务基地县的农民工问卷调查显示，2012 年农民工月均工资收入为 2999 元，较 2011 年增加 336 元，并从收入分布区间变化上看，重心明显出现上移，2012 年月均工资超过 3000 元的农民工占 47.1%，比 2011 年大幅提高 16.2 个百分点。

广西当前经济金融运行中的主要问题

中国人民银行南宁中心支行调查统计处

从2013年1~2月的广西主要经济指标看，经济处于企稳巩固阶段，但当前经济金融运行中还存在以下几个主要问题。

一、生产成本上升和销售价格下降两头挤压，工业企业利润空间减小

2013年一季度，广西企业家问卷调查显示，企业家判断经济热度指数为32.7%，比上季度提高6.22个百分点，但连续8个季度位于不景气区间，显示出企业信心仍显不足，企业的经营活动仍处于力争企稳状态。调查显示，企业产品市场需求和销售指数在上季度反弹至景气区间附近后，一季度又出现回落，说明市场需求尚未恢复。特别是在当前出口贸易压力大的形势下，一些产品出口转内销，进一步增加了已经萎缩的国内市场的竞争激烈程度，严重影响了企业产品的提价空间。据调查，全区部分主要产品价格与上年同期相比出现不同程度的下降，食糖下降15.9%，线材下降10.4%，螺纹钢下降7.3%，电解铝下降8.7%，水泥下降5.9%。由于销售价格走低，企业对未来生产缺少信心，有意识地停工限产消化库存，回收账款以降低风险，同时企业利润被压缩，进一步增盈难以实现。

二、小微企业融资难、融资成本高问题仍较突出

企业总体的资金运营情况较为理想，但企业的融资成本差异性仍然较大。一方面，大型企业外部融资环境较其他企业的优势地位仍然十分明显，不仅融资手段较多，而且融资成本也较低。如柳工除了银行贷款外，还通过发行公司债、中期票据等多种方式获取资金。在与银行的利率谈判中也处于优势地位，如柳钢2013年贷款就坚持要求基准利率下

浮。另一方面，中小微企业仍面临融资难、融资成本高问题。各地出台的支持中小微企业发展的措施，对解决小微企业融资问题起到了一定的促进作用，但是融资难、融资成本高等问题改善不明显。

三、投资项目储备未有明显增长，未来资金来源存在障碍

根据广西人大审议通过的2013年经济发展计划，2013年广西自治区层面统筹推进的重大项目552项，总投资达15024亿元，其中年度投资2035亿元；与2012年相比，项目个数增加了5个，但总投资减少658亿元，年度投资减少170亿元。其中新建项目开工125项，比上年同期增加16项，但年度投资仅383亿元，减少181亿元；续建项目235项，比上年同期减少2项，年度投资1188亿元，增加150亿元；竣工投产项目98项，比上年同期减少9项，年度投资464亿元，减少139亿元；预备项目97项，比上年同期减少3项，总投资减少249亿元。总体来看，2013年自治区层面统筹推进的项目储备虽然略多于2012年，但项目总体规模要低于2012年，且对下一年的项目储备也要少于2012年。由此可以看出，广西2013年的投资增长仍面临较大困难。2013年，广西全社会固定资产投资的预期目标和工作目标分别为20%和22%，均低于2012年的24.4%的增速。

根据2013年1.52万亿元的全社会固定资产投资预期目标，发展改革委对未来资金来源做了预计规划。其中国家预算内资金760亿元，国内贷款2130亿元，债券150亿元，利用外资150亿元，自筹资金9730亿元，分别同比增长8.4%、43.1%、58.1%、252.7%和11.5%。与2012年增速相比，国家预算内资金和自筹资金增速小幅回落，而国内贷款、债券和利用外资增长明显。从实际情况看，2012年广西新增本外币贷款1708亿元，同比增长16.05%，而为了与当前投资增速相匹配，广西自治区政府2013年的新增贷款目标为2000亿元，在此目标下贷款增速将达到16.19%。但根据调研情况看，广西贷款增长受制于存款增长乏力和合意贷款规模受限，2013年新增贷款很难有较大突破，2000亿元的新增贷款属于较难完成的任务。利用外资虽然在2013年以来出现了明显好转，但能否实现如此大的增速还有待进一步观察。债券方面，由于其融资成本低于银行贷款，在投融资平台信托、基金、保险、BT融资渠道受限的情况下，投融资平台公司普遍反映2013年要加大中期票据、企业债等债券融资规模，广西企业债起步较晚，2013年新增企业债仅占全国的1.4%，未来发展仍有较大空间，2013年达到58%的增速有较大可能。因此，2013年广西投资资金来源是否充足主要取决于吸收外资的力度，但如何实现贷款的快速增长以及在贷款增长不能满足投资需求的情况下，如何扩大其他融资来源仍存在较多不确定因素。

四、"一刀切"的个税政策长期来看可能会导致房地产市场结构失衡和房价反弹

调查显示，新"国五条"细则规定出售自有住房的均按照20%税率征收个人所得税，市场各方担心，长期"一刀切"的个税政策会造成以下问题：一是二手房交易受到抑制后，购房者转向新建住房的比重加大，在新建住房本身供应有限的情况下，可能会推动新建住房价格上涨。二是二手房遇冷、新建房逐步扩张，造成住房供给结构失衡，并将造成一定程度的资源浪费。三是二手房的购买者可能要承受税收上涨部分的成本，而卖方也可能因交易成本上升而惜售，二者均会导致二手房价和租金上涨。

五、多因素导致贷款供需矛盾仍未缓解

多种共性、特性因素导致广西贷款供需的总量、结构矛盾仍比较尖锐。贷款供给方面，全国性金融机构主要面临三方面的供给限制。一是存贷比限制。部分全国性商业银行直接将贷款规模与存款增长挂钩，对分支行余额和新增额存贷比进行严格控制，个别行被要求逐步降低存贷比，如中国银行广西分行2012年按其总行要求将存贷比降至73%，2013年被要求继续降至60%以下。较高的余额存贷比对这些银行贷款增长形成制约。二是总行规模控制。部分全国性金融机构受总行直接的贷款规模控制。如存贷比仅60%左右的农业银行广西分行2013年仅从农业银行总行获得150亿元贷款规模，较上年减少10亿元。如政策性银行由总行统一筹集资金，并按年和按月对各分支行的资金使用额度进行调配，广西两家银行初步获得的全年规模仅略高于上年，如国家开发银行广西分行目前已签未贷项目金额已达600亿元，全年信贷规模资金缺口超300亿元。三是资金管理模式改变。目前，工商银行、农业银行、建设银行及中信银行等部分全国性商业银行开始实行存贷两条线的资金管理模式，存款统一上收至总行，贷款按不同期限及使用情况规定不同的资金价格，贷款客户的质量及价格承受能力成为银行选择客户的重要考量指标。而广西企业实力总体偏弱，在贷款争取上处于不利境地。如工商银行广西分行符合总行条件的中小微企业储备客户仅1000多户，仅约占广西近11万中小微企业的1%。

贷款需求方面，基于广西地方特色的贷款需求特点主要表现在两个方面。一是广西作为后进发展地区，基建投资等贷款需求持续旺盛。广西在基础设施建设、产业振兴及民生改善等方面都需要大量的信贷资金配套投入，2013年广西固定资产投资目标为1.54万亿元，增长20%，大量项目建设需要稳定资金特别是固定资产贷款支持。广西地方政府换届完成后，很可能出现的新一轮投资热潮将进一步刺激固定资产贷款的需求。二是广西特色季节性贷款需求因素导致

贷款需求呈现前高后低特点。蔗糖产业等广西地方特色产业年初贷款需求旺盛的季节性特点导致广西贷款需求前高后低特点较全国其他省份更明显。广西银行家调查问卷显示，2013 年一季度贷款需求指数为 89.74%，比上季度提高 11.88 个百分点，为 9 个季度以来的最高点；其中农业贷款需求指数比上季度上升了 8.33 个百分点。广西贷款需求前高后低的特点与银行贷款时序平稳投放的要求存在结构性矛盾。

六、金融风险可能以多种形式暴露

一是多元化融资风险及其可能引发的系统性风险。广西除银行贷款外的多元化融资渠道迅速拓展，2012 年广西银行贷款外融资占社会融资规模比重达 36.30%。买入返售信托受益权、同业代付等金融创新层出不穷。由于分业监管的限制和监管相对创新的滞后特点，多元化的融资方式蕴涵着诸多风险，同时由于缺乏风险对冲机制和有效的“防火墙”，各种融资风险尚未实现有效隔离，不同业务风险间可能存在关联性，风险间的相互传递可能形成“多米诺”效应，引发系统性风险。二是地方政府投融资平台资金风险。广西地方政府投融资平台自清理至今取得了明显成效，贷款新增额减少，类型划分、风险定性等有效推进，尚未出现平台大规模违约导致的系统性风险。2012 年 12 月末，平台贷款余额为 1194.16 亿元，较年初减少 19.38 亿元，余额占各项贷款比重较 2011 年末下降 11.02 个百分点。平台贷款资产质量较好，贷款正常类、关注类分别占比为 91.0%和 6.06%，无不良贷款。但由于存量贷款数额大、平台承担责任多等问题，融资平台仍面临多方面压力。具体而言，投融资平台包括三类风险，首先是贷款到期集中偿付压力大。据统计，广西平台贷款 2013 年和 2014 年分别到期 421.43 亿元、432.49 亿元，相当于 2012 年广西财政收入的 23%左右。贷款偿付还面临着地方财力增长放缓、平台项目运作周期与贷款还款期限错配的风险。

由于贷款受限，在还款及项目后续配套资金的压力下，部分平台公司通过回购（BT）、发行企业债、信托等形式融资，背负多种债务。同时，一些融资渠道的融资成本过高带来的风险不容忽视。如 2013 年 1~2 月广西实体经济获得的异地信托贷款中，投向地方政府投融资平台的贷款占比高达 41.43%，信托贷款利率普遍高达 10%以上，个别高达 18%。在当前经济环境下，大部分平台项目难以达到这一利率水平。随着四部委《关于制止地方政府违法违规融资行为的通知》出台，融资平台通过信托、基金、租赁等融资渠道被限制，融资平台可能更多地进行债券等直接融资，并可能创新融资方式，是否会带来新的风险需要持续关注。

2013年河南省经济形势展望及预测

中国人民银行郑州中心支行调查统计处

2013年全国经济有望在复杂环境中结束回落态势，实现温和增长，而河南省在中原经济区、郑州航空港经济综合实验区建设全面启动的战略机遇下，经济有望继续较快增长。

一、2013年我国经济有望在国内外复杂环境中结束持续回落的局面，实现温和增长

从国外经济环境看，主要经济体面临的经济下行风险仍然较大。欧元区的主权债务危机得到一定遏制，且在欧盟范围内采取的强化政策措施降低了尾部风险，外围经济体的主权融资状况也得到了一定改善，但如果改革不能持续深入推进，欧元区经济出现整体长期停滞的风险仍然很大；美国近期金融市场和住房市场环境的好转一定程度上将为消费增长提供支撑，但“财政悬崖”问题在未来一段时间仍可能对美国经济造成一定冲击；日本虽然采取了一揽子经济刺激方案，但如果中长期内财政状况不能有效改善，债务状况有可能恶化，且与中国之间的主权争端将为两国的双边贸易带来较多不确定性；包括中国在内的新兴市场和发展中经济体在面临宏观经济政策调整的同时，还需要平衡外部经济风险与内部经济结构调整，经济的稳定增长均面临一定挑战。国际货币基金组织于2013年1月23日发布的最新《世界经济展望》中，预计2013年全球经济增长率为3.5%，较上年10月的预测结果调低了0.1个百分点。

从国内经济环境看，当前经济运行中存在的困难和问题仍不少，经济稳增长的基础不稳固，宏观调控面临的形势依然较为复杂。一是经济周期性回落与结构性矛盾交织。2010年以来，我国经济增速进入回落周期，2012年前三季度GDP增速降至7.4%，为近4年来的最低水平。总的来看，本轮经济回落是市场增长动力不足与经济结构性矛盾共同作用的结果，而且可能仍将持续。一方面在国内外需求减弱的背景下，市场面临较大的去库存化、去产能化压力，生产、

投资扩张动力不足；另一方面，我国在当前及今后一段时期仍将面临内需拉动作用弱、高附加值、低耗能产业占比低、技术进步和创新能力不强等多种结构性矛盾。二是投资质量和效益有待进一步增强。三是未来通胀压力可能上升。2013年2月我国居民消费价格总水平同比上涨3.2%，这是2012年下半年以来首次回升至3%以上水平，物价单月涨幅创下新高，虽然受翘尾因素及春节因素影响较大，但也反映出我国目前通胀反弹压力较大。

虽然我国经济发展面临的国内外经济环境依然较为复杂，但经济基本面总体向好，经济发展仍具备许多有利条件。一是宏观调控政策的连续性和稳定性将为我国经济复苏提供有利的政策环境。温家宝在2013年的《政府工作报告》中指出，2013年我国经济增长目标定为7.5%左右，与2012年持平，同时强调增长目标旨在与潜在增长率相协调，与生产要素的供给能力和资源环境的承受能力相适应，并重申2013年将继续实施积极的财政政策和稳健的货币政策，以保持宏观调控政策的连续性和稳定性，这将为我国经济的温和复苏提供有利的政策环境。二是内外部需求有望保持平稳增长。虽然发达经济体未来经济发展存在诸多不确定性因素，但短期内经济出现大幅波动的可能性不大，且部分发达经济体政策性因素可能会延续，这有利于促进我国出口增长；同时，国内经济结构调整的推进、投资质量的提高和新型城镇化建设的加速，有利于促进居民收入、消费增加，内需的稳定增长将增强经济增长内生动力。三是国内制造业生产形势有所好转。从先行指标看，2013年2月，全国PMI指数为50.1%，生产指数和新订单指数分别为51.2%和50.1%，均位于临界点以上，其中，黑色金属及冶炼加工业、专用设备制造业、有色金属冶炼及加工业等11个行业新订单指数均位于临界点以上；原材料库存指数为49.5%，较1月下降0.6个百分点，落至临界点以下，表明制造业生产有所加快。

概括来看，2013年我国经济周期性下降趋势将减弱，随着经济结构战略升级步伐加快，政策前瞻性、针对性和灵活性进一步提高，经济有望实现温和增长。国际货币基金组织在2013年1月发布的《世界经济展望》中，预计2013年中国经济增长率为8.2%，与此前的预测值持平。

二、河南省在中原经济区建设、郑州航空港经济综合实验区建设全面启动、“三化”协调推进的战略机遇下，2013年经济有望继续保持较快增长

2013年，河南省经济发展仍面临较多困难，结构不合理、质量效益不高的问题将更加突出，在需求疲软和成本上升的双重挤压下，钢铁、有色、电力、煤炭、化工等传统行业和企业生产经营仍较为困难，同时，近年来河南省新增产能中相当一部分是面向国际市场，经济增长的对外依存度在扩大，国外需求

表 1 河南省 GDP 预测结果 （单位：万亿元、%）

时间	当季 GDP 绝对额		累计 GDP 绝对额		累计 GDP 增速
	ARMA 预测值	二次曲线预测值	ARMA 预测值	二次曲线预测值	ARMA 预测值
2013Q1	6976.9	6923.7	6976.9	6923.7	9.9
2013Q2	8935.9	8805.1	15912.8	15728.8	10.7
2013Q3	9922.2	9698.8	25835.0	25427.6	10.5
2013Q4	8910.2	8638.5	34745.2	34066.1	11.2

低迷也将直接对经济产生影响。但同时经济发展也具备许多有利条件和积极因素：一是微观主体对宏观经济、市场需求的判断有所好转。河南省企业家问卷调查显示，2013 年一季度宏观经济热度指数为 40.1%，较上季度提高 4.5 个百分点，企业家对宏观经济形势的判断有所好转。同时，一季度企业产成品库存指数为 55.7%，较上季度提高 0.7 个百分点，而企业产品市场需求指数和产品销售状况景气指数分别为 54.2%和 55.5%，较上季度分别提高 3.5 个和 1.3 个百分点，市场需求正逐渐改善。二是 2013 年是《中原经济区规划》全面实施的开局之年，国务院又正式批复了《郑州航空港经济综合实验区发展规划（2013~2025 年）》，同时，河南省正处在新型城镇化、工业化、农业现代化和信息化加速推进阶段，经济发展面临难得的战略机遇期，基础支撑能力与产业配套能力将不断增强，电子信息产业、航空物流业、现代综合交通运输体系等方面将形成一批新的经济增长点，推动全省经济发展再上新台阶。三是随着河南省经济结构调整转型力度的加大，产业集群效应逐步释放，高成长性产业支撑作用不断增强，特别是近年来河南省委省政府持续加快招商引资力度，积极效应仍将持续显现，新增产能对全省经济平稳较快增长将起到重要支撑作用。

结果显示，2013 年一、二、三、四季度河南省 GDP 累计增长率将分别达到 9.9%、10.7%、10.5%和 11.2%。整体上看，2013 年河南省经济发展环境要好于上年，GDP 增长率预计为 10%~11%。

执笔：徐红芬 宋鹏飞

IMF2013年世界经济展望

中国人民银行长沙中心支行调查统计处
中国人民银行湘西州中心支行调查统计科

北京时间4月16日晚，国际货币基金组织（IMF）发布了2013年《世界经济展望》，认为全球经济“三速复苏”，但先进经济体的复苏道路仍坎坷不平，建议采取措施进一步巩固复苏成果，促进全球经济平衡。我们针对报告主要内容进行了编译。

一、全球经济“三速复苏”，但发达经济体复苏道路坎坷不平

全球经济由此前呈现的“双速复苏”，即新兴市场和发展中经济体增长强劲、发达经济体增长疲软转变为目前的“三速复苏”。新兴市场和发展中经济体经济表现依然强劲，但在发达经济体，美国和欧元区日益呈现出不同的发展趋势。

世界经济增长率预计将在2013年达到3.25%，2014年达到4%。发达经济体经济活动有望从2013年下半年开始逐渐加快。美国的私人需求日益旺盛，但欧元区私人需求仍极为低迷。新兴市场和发展中经济体的经济活动已有所加速。

预计美国经济2013年将增长1.9%，2014年为3.0%，而欧元区经济增长预计2013年为-0.3%，2014年为1.1%。在财政和货币刺激措施的推动下，日本经济将实现反弹，实际GDP增长率将达到1.5%。新兴市场和发展中经济体的增速预计在2013年将达到5.3%，2014年将达到5.7%。中国2013年经济增长率为8.0%，2014年为8.2%，较1月报告分别下调了0.1%和0.3%。

二、分析经济下行风险

（一）短期经济下行风险

欧元区短期的风险主要在于：调整行动显露疲态、资产负债表薄弱、边缘经济体信贷渠道破坏严重、整个欧元区在构建更有力的经济和货币联盟的道路

上前行缓慢。美国和日本的风险则主要与财政政策相关。在短期内，如果美国国会不能在本财年末用后倾性调整措施取代现在的自动支出削减措施，则可能使美国2013年底乃至以后的增长率低于预期。

（二）中期经济下行风险

主要包括美国和日本未能制订强有力的财政整顿计划；欧元区私人部门债务高企，政策空间有限，且制度方面进展不足，从而导致经济复苏缓慢；很多发达经济体因实行宽松的、非常规的货币政策而出现扭曲因素；很多新兴市场和发展中经济体投资过热，资产价格高涨。如果政策无法应对这些风险，那么全球经济活动可能会出现间歇性的恶化。

三、需要采取一切审慎措施推动经济复苏，促进全球经济平衡

（一）发达经济体应采取审慎措施提振需求

一是利用货币政策和结构改革支持经济复苏。虽然短期内全球的整体风险状况已有所改善，但发达经济体应采取一切审慎措施来提振低迷的需求。

二是渐进、稳步、持久地推进财政整顿。美国和日本要制订并实施全面的中期赤字缩减计划。由于日本公共债务水平极高，且近期实施新的刺激政策，财政整顿对于日本来说更为紧迫。同时建议美国尽快达成一项有关福利和税收改革的可行计划。

三是推进金融修复和改革。结构性改革在恢复竞争力和促进中期增长方面至关重要，需要进一步推进金融修复和改革，包括对不健全的银行进行重组。同时在特殊情况下，在传统的破产处置之外找到方法为深陷债务的住户债务人和状况不佳的企业债务人提供解决方案。

（二）新兴经济体和发展中经济体应开始收紧货币政策

建议新兴市场和发展中经济体应开始收紧货币政策以遏制金融部门过热的苗头。政策制定者还应使财政状况恢复到可提供充足的政策回旋空间的水平。

（三）进一步实行促进内部和外部平衡的政策

所有经济体都应实行能促进内部和外部平衡的政策。对于主要发达经济体，需要在中长期财政调整计划、福利改革和资产负债表修复方面取得更多进展。新兴市场和发展中经济体中主要对外顺差经济体应允许其汇率更多地与市场挂钩，并通过结构性政策使经济实现再平衡，从而更多地转向消费驱动型增长模式；另一些经济体需要实施结构性政策，以使资本流入得到健康吸收。

IMF表示，当前主要货币并未严重偏离中期基本面。美元和欧元稍被高估，人民币则稍被低估，而对于日元的定值，偏高及偏低的证据都存在。

德国住房政策实践及启示

中国人民银行营业管理部调查统计处

欧债危机爆发前十年，德国房价始终保持较低水平，德国的名义房价平均每年仅上涨1%。本文通过简述德国房地产业市场管理的成功实践，试图找出一些可资借鉴的经验和启示。

一、德国房地产市场健康发展的主要经验

（一）以法律形式明确住房的社会福利属性

与英国、美国不同，德国并不把房地产业，特别是住宅建设作为经济增长的“支柱产业”，而是将其纳为社会福利机制的重要一环。德国《宪法》明确规定，与医疗、教育等一样，保障居民住房也是联邦政府首要的政策目标之一。《住宅建筑法》规定，各级政府的重要任务之一是促进适合社会不同阶层的住房建设，在面积大小、房屋设施、租金或购买能力等方面，满足不同阶层的需求。因此，各级政府部门都不敢通过抬高当地地价、房价来增加政府财政收入。

在应对恶意炒房行为上，德国《经济犯罪法》规定，如果地产商制定的房价超过“合理房价”的20%，即为“超高房价”，构成违法行为。购房者可以向法院起诉，如果房价没有降到合理范围之内，出售者将面临最高5万欧元的罚款。如果地产商制定的房价超过“合理房价”的50%，则为“房价暴利”，构成犯罪，可以判处三年徒刑。这些法律规定不仅抑制了国内炒房者的投机行为，而且还有效抵制了“海外炒房团”对德国房地产市场的干扰。

（二）独立透明的房地产价格评估体系

德国独立的不动产价格评估机制对房地产实行有效的“指导价”制度。在德国，各级政府并不规定房地产价格，房地产价格也不是由开发商决定，而是取决于独立于政府之外的房地产价格评估机构。德国从事房地产评估的主体分为两类：一类是独立的私人评估师。评估师对自己的评估结果负责30年，对评估中的错误负有法律责任，造成的损失由评估师以私人财产抵偿。另一类是各

地的房地产“公共评估委员会”。德国《联邦建筑法》对委员会的任务和职责有严格的规定，其中最重要的职责是“使地方房地产市场对公民、房地产专家和评估师保持透明度和公开性”。

《联邦建筑法》规定，每一块出售的土地都要登记在册，且每块土地的买卖都必须由公证人报告国家。所有房地产交易情况都要集中起来编制“销售价格总汇”，各地评估委员会每年据此制定“地价图”，并为不同地段、不同类型的住房制定指导价格，这类指导价格具有法律效力，所有房地产交易有义务参照执行，同时也是地方政府征收房地产相关税收的主要依据。

（三）多层次兼顾的房地产供给体系

一是鼓励住房合作制度。德国住宅合作社已经有200多年的历史，目前全国拥有住房合作社2000多个，合作建房占每年新建住宅总数的比例超过30%。合作社会员不仅是租客，同时也是股东，拥有永久租住权和重要决策权。住房合作社将租房的灵活性与住房所有权的安全性相结合，对稳定住房市场起到了重要作用。政府对合作社建房给予低息贷款、税收减免和补贴租金等多方面的政策支持。德国公务员住房主要是通过组建公务员住房联盟，采取合作建房的方式解决大部分公务员的住房问题。政府对公务员住房联盟建房给予低息或无息贷款，公务员住房联盟建房和出租住房免收税金。

二是扩大租赁住房供给。相对于建设用于出售的房屋，政府对投资群体建设用于出租的房屋给予免税或者直接的补贴。对于用于出租的住房，税收政策规定折旧率要高于普通住房。例如，规定出租房屋的建筑成本在50年内折旧完毕。在德国的税收体制下，出租房的投资者和承租者比商品房的投资者和购房者拥有更大程度的税收优惠。例如，房屋投资商或私人建造公共租赁住房可向政府申请免息或低息（利率仅为0.5%）贷款，这对于刺激租赁房市场的投资起到了非常重要的作用。

三是实施房租补贴政策。房租补贴是目前德国对低收入家庭住房保障的主要方式。德国拥有自有产权住房的比例并不高，在城市居民中不到20%的家庭拥有自有产权住房，80%以上的家庭租房居住。德国政府每年对居民提供相当数量的房屋补贴，按照家庭人口等指标制定居住标准，如果收入水平不能达到租金要求，政府会发放补贴，补足差价部分。虽然购买住房的家庭也可以申请补贴，但是90%以上的补贴由租房者获得。为保证每个家庭都能够有足够的房租支付能力，政府根据家庭人口、收入及房租支出情况给予居民以适当补贴。《住宅补贴法》规定，居民实际交纳租金与可以承受租金的差额由政府负担，居民可以承受的租金一般按照家庭收入的25%确定。

（四）发达的房屋租赁市场

在德国，租房的安全感并不亚于买房，出租房屋质量良好、租房者的社会阶层较高是德国房屋租赁市场健康发展和引以为豪的特征，这些都得益于租房者受德国法律法规的严格保护。

在德国，业主被要求须在短期内让空置房屋得到重新利用，否则将按房屋市值定期缴纳一定比例的罚金。《住房租赁法》规定，一般的房租合同都是无限期的，承租者可以提前几个月提出退租要求，但出租者不允许主动收回房屋，除了在几种特殊情况下，如承租者不按时缴纳房租，或者房主能够证明房主本人或直系亲属需要此住房，房屋所有人不得因为其他租房者愿意支付更高的租金而与现有承租者解除合同。

关于租金的调整也有严格规定，《租金水平法》规定，3 年内旧合同的租金上涨幅度不能超过 20%。对于新签订的合同，允许租借双方进行议价，但是租金要参照已有同等质量和位置房屋的租金水平来确定，不能超过同等房屋租金的 20%，若超过同等租金水平的 50%而签订合同则被视为违法。为了《租金水平法》有执行的依据，每个城市负责房屋管理的权威部门至少每两年定期对各类房屋的租金水平进行调查，发布权威的《房屋租金水平表》，为新合同租金价格的制定提供依据。《房屋租金水平表》通常由各个城市的住房管理机构、租房者协会以及住房中介商协会等机构共同制定。

（五）抑制投机行为的严厉税收政策

税收是德国政府遏制房产商、炒房者获取超额收益的有效手段，德国对自住型需求和投资性需求的税率进行了严格的区分，分别对待。自有自用的住宅和不出租盈利的住宅不需要缴纳不动产税，只缴纳宅基地的土地税。用于出售的房地产首先要缴纳评估价值 1%~1.5%的不动产税，房屋买卖需要缴纳 3.5%的交易税。如果通过买卖获得盈利，还要缴纳 15%的差价盈利税（10 年内税率为 25%）。

（六）长期稳定的房地产金融政策

德国房地产金融政策的特点主要体现在“专款专用、以存定贷、利率固定”上。“专款专用”指的是德国住房储蓄体系的资金来源于居民的储蓄、银行间的资金以及国家的转移支付，其资金用途严格限定用于为参加住房储蓄的居民提供住房贷款。此类贷款金额大约占到德国房贷总额的一半。“以存定贷”是说住房储蓄计划的贷款方式采用“先存后贷”的合同储蓄模式，购房者与银行签订购房储蓄合同，当购房者的储蓄达到未来需要贷款额的一定比例时，可以按低于市场利率的固定利率获得购房贷款。“利率固定”指的是在德国，所有房贷 (包括住房储蓄合同贷款和商业贷款) 都实行固定利率，其中储蓄房贷利率低于市场利率且固定不变。总体来说，德国特有的“合同储蓄”住房金融模式，以及长周期的固定房贷利率可以较好地抵御金融市场的周期性波动，对房地产市场起着“稳定器”的作用。

二、几点启示

如果住房成为财富和地位的象征，市场供给将永远无法满足人们对占有更多住房的渴望。德国在房地产发展实践中，通过完整的房地产法律框架、独立透明的房地产价格评估体系、相对稳定的房地产金融政策，以及鼓励修建租住房屋和保护房客权益等一系列制度措施，使其住宅属性在相当长的一段时期内更多地表现为居住和消费特征，住宅自有率相对较低，住宅价格也相对稳定。因此，学习和借鉴德国房地产市场管理的成功经验，对于确保我国房地产业健康发展具有重要的现实意义。

一是制定科学的发展规划。从德国经验看，加强立法及制订中长期住房发展规划比密集出台房地产调控政策要更加稳定和权威，涵盖面也更广泛。法律和规划对公众信心和预期能形成强有力的支撑。以法律和规划为基础的行政政策和绩效考核也更加有依据。因此，建议进一步明确房地产行业发展方向，编制科学的行业发展规划，并将满足居民基本的居住要求提升至法律范畴。

二是加快财税体制改革，减少地方财政对房地产的过度依赖。建议加快财税体制改革步伐，调整财政收入分配关系，深化住房制度改革，在某些方面给地方更多的自主权。建议尽快推出房产税政策，逐步建立地方财政可持续运作的长效机制，尽可能减少对土地财政的依赖。

三是建立房屋银行，充分利用已有房源。在这方面可以借鉴德国的做法，在摸清当前空置房整体数量的基础上，出台增大空置住房持有成本的政策措施，同时，通过给予相关的税费优惠政策引导部分租赁房源和空置房源加入公共租赁体系。

四是完善住房租赁市场，保护租赁者合法权益。首先建议立法保护租赁者的各项合法权益，改变租赁者在租房市场中的弱势地位。其次对租房者给予必要的财税政策支持，如允许无房者以租金抵扣个人所得税等。最后实施租金涨幅控制，将房租纳入物价控制范围。

执笔：贺　杰

国外光伏产业发展经验

中国人民银行塘沽中心支行调查统计科

光伏产业作为我国重点发展的战略性新兴产业①，近年来取得了长足发展。但2012年欧美兴起的反倾销、反补贴等贸易保护主义，引起国内光伏企业生产经营的困难，凸显了国内光伏市场开发培育不足、生产能力过剩、产业链不健全、核心技术缺乏、行业竞争激烈等问题。为此，我们应借鉴国外发达国家取得的宝贵经验，促进光伏产业健康发展。

一、美国②

美国是世界光伏技术和光伏产业的发源地，从1954年贝尔实验室开发出能量转换效率为4.5%的单晶硅太阳能电池以来，美国一直位于世界光伏技术进步和商业化的前列。从全球太阳能光伏市场规模来看，美国已成为全球第三大太阳能光伏市场。2012年美国发电量中新能源占到10%，预计2025年该比例将达到25%。美国光伏产业发展呈现如下特点。

（一）通过法律法规制订产业发展规划

美国将光伏产业列入发展优先领域，自1974年开始陆续颁布推动能源可持续发展的相关法令——《太阳能研发法令》、《太阳能光伏研发示范法令》、《能源税法》、《税收改革法》、《能源政策法令》等。美国前总统克林顿在1997年6月宣布了太阳能“百万屋顶计划”，准备在2010年以前，在100万座建筑物上安装光伏发电系统和太阳能热利用系统。2010年7月21日，美国政府通过了太阳能“千万屋顶计划”，预计在2012~2021年内实施，总安装容量将达到30~50GW。

---

① 李勇军：《光伏产业研究报告2009》：欧盟联合研究中心(JRC)预测，到2030年，可再生能源在总能源结构中占到30%以上，太阳能光伏发电在世界总电力供应中达到10%以上；到2040年，可再生能源在总能源结构中占50%以上，太阳能光伏发电在世界总电力供应中达20%以上；到21世纪末，可再生能源在总能源结构中占到80%以上，太阳能光伏发电在世界总电力供应中达到60%以上。

② 资料参考中国风电产业网2011年11月28日讯。

（二）通过政府财政补贴促进光伏技术的应用

美国财政资金从技术研发、项目推广、投资应用等各个方面支持光伏技术的商业化发展。1996年，在美国能源部的支持下，开始了“光伏建筑物计划”，该计划投资20亿美元。同年，美国加州创立5.4亿美元的公共收益基金以支持可更新能源的发展，为具有安装能力的太阳能系统提供每瓦3美元的补贴。奥巴马承诺投入1000亿美元用于研发包括太阳能、风能在内的新能源技术。为确保“千万屋顶计划”的实施，政府将补贴工程项目投资额的50%。

二、德国①

德国是世界光伏产业的第一大市场，光伏产品普及率较高，其光伏技术水平也居世界领先地位，其发展经验主要有以下几方面。

（一）通过试点积累产业发展经验

德国的太阳能光伏产业始于试点项目的“千屋顶计划”。1991年，政府为获得推广光伏发电系统的经验，使新住房与可再生能源发电需求兼容，鼓励民众消费绿色能源，尝试为每位安装太阳能屋顶的住户提供补贴。该试点计划成功地为超过2000个住户屋顶安装了并网型太阳能设备。随后，该计划很快扩展到10万个，迅速推动了德国光伏产业的进一步发展。

（二）通过金融手段促进光伏发电设施投资

根据相关政策规定，如果安装的光伏系统输出小于5万千瓦，安装者将获得每1千瓦6230欧元的贷款；如果输出高于5万千瓦，将获得每1千瓦3115欧元的贷款。

（三）政府通过高价回购电量确保投资者收益

德国政府设计了“买回补助”政策，以确保公司和个人投资者的收益。《国家可再生能源法》规定，公司或个人在太阳能设备安装后的20年内，可以将太阳能光伏系统发出的电力以高于市场固定价格卖给公共电力公司。2000年德国政府在此基础上提高了对太阳能买回补助的比率，但政府的补助以5%的比率逐年递减，以用于补贴新安装的系统。每年补贴递减的政策，有利于促进光伏企业降低生产成本。

三、日本

日本光伏产业在阳光计划、新阳光计划和一系列其他激励政策的支持下，形成了全球范围内的竞争力，其发展经验对中国颇具借鉴性。

（一）通过降低成本推动光伏发电系统的使用

在推广“新阳光工程”、“5年光伏发电技术的研究与开发计划”和“住宅光伏系统推广计划”过程中，日本经济

① 资料参考《德日美光伏发电产业分析》，载《中投顾问》，2010。

产业省始终注意把发展工业生产力和消费者的需求协调起来，推动光伏系统成本的不断降低。1994 年，在日本住户屋顶安装一个太阳能系统需花费 6 万美元，到 2005 年，安装成本下降到 2 万美元，光伏产业具备了和日本国内其他能源发电竞争的能力。

（二）允许光伏发电优先并网

日本非常重视电网系统的安全与稳定，一般常规项目并网的审批程序非常复杂。但为了扶持光伏产业，日本政府采取了非常积极的政策措施，在现场实验的基础上制定相应的标准和规范，允许光伏发电优先并网，这项政策对光伏产业的发展起到了巨大的推动作用。

（三）采取强制措施提高光伏发电在能源配给中的比例

日本于 2003 年出台了《可再生能源配额法》，强制能源公司提供一定份额的新能源和可再生能源，如果无法完成该指标，必须到市场上购买绿色能源证书。为改变严重依赖石油的传统能源结构，日本政府制定了“新国家能源战略”，预计 2030 年光伏发电的成本要具备与火电相竞争的能力。

（四）通过良好的制度安排，提高全民使用绿色能源意识

日本白天（5:00~23:00）的电价是 23 日元/千瓦时，晚上（23:00 至次日 5:00）是 7 日元/千瓦时。电网公司以市价 23 日元/千瓦时收购光伏系统白天所发的电，居民通常晚上 23:00 之后多用电。这种制度既保证了光伏发电的收益，又能缓解能源紧张状况。

（五）通过提高性能推动光伏系统的普及

为了提高公共设施和工业企业的使用率，日本企业在光伏系统性能、系统容量、安装地点、系统业主构成等方面都有了长足的进步。目前光伏系统已应用到社会生活的很多方面，如学校、政府办公楼、社区建筑、水厂、敬老院和医院等公共设施；车间、库房、实验室、工厂办公楼和商场等企业的建筑；农业、商业、铁路、公路、金融和休闲娱乐设施。

执笔：马庆强

一季度房地产市场需求明显回升 企业未来定价策略谨慎性增强

中国人民银行营业管理部调查统计处

2013年一季度，营业管理部对在京房地产开发企业经营状况进行了问卷调查，共发放问卷110份，回收问卷98份，有效问卷89份，其中71家在京有楼盘销售，占全部被调查企业的79.8%。调查结果显示：北京房地产开发企业销售价格趋于上行，涨价企业占比明显提高；总体资金状况明显好转，融资成本小幅上升；拿地意愿有所提升，区位主要集中于京郊县；过半数企业预期北京房价将小幅上涨，企业未来销售定价策略谨慎性增强；近六成企业愿意参与保障性住房建设，报酬率低和融资政策不完善是主要制约因素。

一、销售价格趋于上行，销售量增长较为明显

一是销售价格趋于上行，表示“涨价”的企业占比明显提高。49.4%的被调查房企表示销售价格“保持不变”，高出上季度2.8个百分点；8.9%的房企采取直接降价的销售策略，11.4%的房企采取打折销售策略，两者合计占比20.3%，较上季度下降18.3个百分点。30.4%的房企销售价格“有所上涨”，较上季度大幅上升15.6个百分点。

二是销售量增长较为明显，表示“持平”或“上升”的企业占比超过八成。81.5%的被调查房企表示销售量“持平”或“上升”，较上季度提高3.8个百分点，近两个季度持续提升，且明显高于2012年同期水平。18.5%的房企销售量下滑，较上季度下降6.8个百分点。

二、资金状况明显改善，对房价下跌承受力增强

一是企业状况进一步得到改善，经营状况总体维持正常。53.3%的被调查房企表示资金状况“不松不紧”，7.8%的房企表示资金状况“比较宽裕”，两者合计

占比达到61.1%，较上季度大幅提升11.1个百分点。

二是银行贷款、自有资金、定价及预付款是房企最主要的资金来源。按房企资金来源所占比重进行排序，银行贷款仍是被调查房企首选的融资方式；其次为自有资金、定金及预付款。个人按揭贷款、信托融资排在第四位和第五位，是房企资金来源的重要补充。少部分企业通过债券融资、境外上市融资、股东借款、外商直接投资等途径获取资金。

三是执行上浮贷款利率的房企占比小幅提升。执行上浮贷款利率的被调查房企合计达74.4%，高于上季度0.8个百分点。20%的企业银行贷款执行基准利率，5.5%的企业享受基准利率下浮优惠。

四是房企对房价下跌承受力增强。对房价下降的承受力在30%以内的被调查房企合计为37.1%，低于上季度1.1个百分点；对房价下降的承受力在30%以上的房企合计达29.2%，低于上季度2.7个百分点。33.7%的房企表示“房价下跌不会对企业正常银行还款产生影响”，高于上季度3.8个百分点。

三、房企判断市场需求明显回升，拿地意愿提升

一是房企判断当前市场需求明显回升。31%的被调查房企认为当前市场“供求两旺”；43.7%的房企认为当前市场“供给不足，需求旺盛”，即认为当前市场需求旺盛的房企占比合计为74.7%，高出上季度17.8个百分点。

二是房企拿地意愿有所提升，拿地区位主要集中于京郊县。被调查房企中共有17家拿地，较上季度增加12家；拿地区位主要集中在京郊县，占比50%；京城六区和二、三线城市占比分别为32.1%和14.3%。

四、房企认为限购政策影响最大，土地价格和保持政策连续性是促使房地产市场平稳发展的关键因素

一是房企普遍认为限购政策对房地产开发影响最大。80.6%的房企认为“限购政策”对企业影响最大，与上季度持平；其余影响房企的因素依次为“土地政策”、“信贷政策”和“税收政策”。

二是房企认为土地价格和保持政策连续性是促使房地产市场平稳发展的关键因素。分别有62.2%和50%的被调查房企认为“严控土地价格”和“保持房地产政策连续性”最能促进房地产市场平稳发展；其余依次为“扩建保障性住房”、“增加土地供应”、“规范房地产市场交易秩序”、“力推廉租房制度”、“放开集资建房”、“提高房企自有资金比率”和“限制住房面积”。

五、过半数房企预期未来北京房价将小幅上涨，未来销售定价策略谨慎性增强

一是过半数房企预期未来北京房价将“小幅上涨”，预期房价下跌的企业仅占一成。53.3%的被调查房企预期房价将

"小幅上涨"，较上季度下降0.8个百分点；4.4%的房企预期房价将"大幅上涨"，较上季度上升2.4个百分点；10%的房企预期将"下跌"，较上季度下降7.3个百分点；另有32.2%的房企表示"不好判断"，比上季度上升3.6个百分点。

二是未来销售定价策略谨慎性增强，表示"灵活掌握"的企业占比明显提升。对于未来三个月的销售策略，32.5%的被调查房企表示将"维持价格不变"，较上季度提高10.5个百分点；43.4%的房企表示将"灵活掌握"，较上季度上升9个百分点；3.6%的房企表示将"小幅打折"，较上季度下降6.1个百分点；另有20.5%的房企表示价格将"适度上涨"，较上季度上升10.8个百分点。

三是对资金面预期有所收紧。对于未来3~6个月资金面是否会出现紧张状况，48.9%的被调查房企明确表示"不会出现资金紧张状况"，较上季度下降10.5个百分点；25%的房企表示"可能会出现资金紧张状况"，较上季度上升7.3个百分点；2.3%的房企表示"一定会出现资金紧张状况"，较上季度上升1.3个百分点；23.9%的房企表示"不好预测"。

四是未来投资增加企业占比有所提高。对于未来一年的投资开发策略，8.9%的被调查房企表示"下降"，低于上季度8.2个百分点；31.1%的房企表示"增加"，高于上季度5.8个百分点；36.7%的房企表示"维持不变"，高于上季度7.4个百分点；23.3%的房企表示"不好说"。

六、近六成房企愿意参与保障性住房建设，报酬率低和配套融资政策不完善是影响企业参与保障性住房建设的重要因素

一是近六成房企愿意参与保障性住房建设。59.3%的被调查房企表示愿意参与保障性住房建设，较上季度下降0.5个百分点；8.1%的房企表示不愿意参与保障性住房建设，较上季度下降8.2个百分点；另有32.6%的房企参与保障性住房建设的意愿不明确，较上季度上升8.7个百分点。

二是报酬率低和配套融资政策不完善是影响房企参与保障性住房建设的重要因素。对于当前保障性住房建设的难点，45.9%的被调查房企认为"保障性住房报酬率远低于商品房"，44.9%的房企认为"缺乏配套融资政策"；43.9%的房企认为"保障性住房配售效率低，造成房地产企业财务成本上升"；21.4%的房企认为"项目审批进度慢，效率较低"；40.8%的房企认为"缺乏相关土地和税收优惠政策"；27.6%的房企认为"贷款利率较高，期限较短"。

对当前房地产市场的调查与思考

中国人民银行福州中心支行调查统计处

一、当前福建省房地产市场情况调查分析

（一）房地产成交活跃，购房人群区域差异明显

1. 商品房销售面积同比大幅增长，价格稳中有升。2013年一季度，福建省商品房成交延续上年5月份以来的良好势头，且价格稳中有升。调查显示，49家房地产企业仅有1家表示2013年一季度销售状况不佳，有33家（占67.3%）表示销售状况好于2012年四季度；有29家（占59.2%）表示价格基本稳定，有16家（占32.7%）表示价格较2012年四季度有所提升。统计数据显示，2013年1~2月，福建省商品房销售面积为633.57万平方米，同比增长198.3%，商品房销售额为543.6亿元，同比增长237.6%，平均每平方米价格为8580元，同比增长13.2%。

2. 购房人群普遍以当地居民①为主，但个别地区投机需求仍占一定比重。调查显示，49家房地产企业有21家（占42.9%）表示当前购房人群中当地居民占80%以上，有15家（占30.6%）表示当地居民占比低于80%但高于60%。从购房目的看，有25家（占51.0%）企业表示购房者主要为首次购房，有13家（占26.5%）表示主要为改善性需求，二者合计占77.5%。但从福州的情况看，非市区户籍购房者仍占相当比重。统计数据显示，2013年1~2月，来自福州辖内县（市）及外地购房者在市区所购住房面积占市区住房销售面积的46.61%。尽管福州市已实行限购政策，但由于辖内各县（市）房地产信息仍未联网，限购对来自辖内县（市）投资、投机购房需求的抑制作用仍然有限。

（二）土地购置面积少于上年同期，房地产企业趋于谨慎

2013年1~2月，福建省房地产开发投资累计完成368.65亿元，同比增长

① 若销售楼盘所在地在市区，则当地居民仅指市区户籍人口，不包括下属的县（市）；若销售楼盘所在地为县城，则当地居民仅指县城户籍人口，不包括下属的乡镇。

30.3%；全省商品房新开工面积为967.32平方米，同比增长10.3%。但本年土地购置面积仅为60.82平方米，比上年同期减少32.1%。土地购置面积的减少，一方面可能与拍卖的土地数量有关，另一方面也体现了开发商对未来房地产运行的谨慎态度。调查数据显示，49家房地产企业中，有20家（占40.8%）表示2013年将不购置土地，有8家（占16.3%）表示购置的土地面积将少于2012年，仅有10家（占20.4%）表示将比2012年多购置，开发商重现谨慎观望态势。

（三）房地产企业资金相对宽松，信贷政策趋紧

2013年1~2月，福建省房地产开发投资资金来源小计为1001.03亿元，同比增长40.3%，其中国内贷款147.49亿元，同比增长56.5%。调查显示，49家房地产企业中仅有1家表示资金紧张且已影响到正常经营，高达七成以上（35家）的企业则表示当前资金基本能够满足或资金较为充裕。

2013年1~2月，金融机构对房地产开发贷款和个人住房贷款支持力度较大，其中，房地产开发贷款增速为16.41%，为24个月来最高；个人住房贷款增速为21.62%，为近几年最高；个人住房人民币贷款批准笔数累计为39459笔，同比增长61.7%，其中，1月为25710笔，为历史最高。据房地产企业反映，2013年初的房地产相关贷款的放量主要为补2012年积压未放的贷款为主，且自新“国五条”公布以来，信贷政策趋于收紧。调查显示，有25家的房地产企业（占51.0%）表示当前从银行获得贷款的难度有所增加或明显增加，仅有4家（占8.2%）表示难度有所下降。

二、“国五条”新政下的未来房地产市场发展趋势展望

（一）新政促使近期房地产成交量迅速上升，短期冲击明显

2013年3月1日，国务院办公厅发布《关于继续做好房地产市场调控工作的通知》，进一步细化了近期发布的“国五条”新政，对房地产市场带来明显的短期直接冲击，除二手房交易出现暴涨现象外，新楼盘成交量也相应放大，个别地区成交火暴。

1. 二手房成交量暴增，“连夜签约”、“抓紧过户”等现象屡见不鲜。由于新政规定二手房交易要征收20%的个人所得税，二手房的买卖双方分别出于对各地操作细则落地后交易成本与费用上涨的预期，急于成交过户，多地二手房交易量在短时间内呈现井喷景象，但成交价格并未出现明显变化。

福州房地产交易登记中心反映，2013年3月以来的申请件每天有两三百件，为上年同期的3~4倍。据厦门房地产联合网统计，截至2013年3月12日，新“国五条”细则出台的10天内，厦门二手房共交易1484套，成交量为细则出台前10天（367套）的4.04倍；总成交面积达14.85万平方米，为出台前10天（3.65万平方米）的4.07倍。预计这一井喷态势将持续至3月底。

2. 新楼盘量价齐升，个别地区再掀“抢房”风潮。调查显示，虽然多数房地产企业（24家，占49.0%）表示新“国五条”细则公布以来，该企业商品房销售量与2013年早期基本持平，但仍有17家（占34.7%）表示相对2013年早期有所增加或明显增加，且有13家（占26.5%）表示所售商品房价格较细则公布前出现上涨，仅有1家表示价格有所下降。

（二）未来房地产市场发展趋势展望

1. “20%所得税”很难被完全转嫁，投资投机性需求将被抑制，短期二手房市场将明显萎缩。尽管各方担心“20%所得税”在实际操作中很可能会被转嫁给买方，从而无法打击到投资客，反而增加了购房者的成本，但我们认为“20%所得税”由谁支付将主要由市场决定。目前绝大多数地方还远未到一房难求的程度，加上20%个税数额大到足够让理性的潜在购房者难以承受，“20%所得税”将很难被完全转嫁给购房者。因此，“20%所得税”政策将减弱房地产的投资属性，抑制房地产市场的投资需求，短期内将直接导致二手房成交量出现萎缩，当前过热的二手房交易更多的是对未来的一种透支或提前释放，后期二手房市场趋冷得到市场各方的普遍认可。

2. 新商品房市场未来不确定性因素加大，主要取决于各地操作细则出台情况。由于此次出台的细则“抑制投机”态度坚决，使市场对后续调控政策预期强烈，楼市未来不确定性因素增大。

首先，从“20%所得税”政策看，一方面，部分首套房与改善性住房需求的购房者从二手房市场挤出转向一手房市场，导致一手房市场需求增加；另一方面，由于此次新政“抑制投机”的态度坚决，部分原一手房的投机需求也将减少，二者的影响孰强孰弱，可能地域差异会较为明显。一些刚性需求大，而可售商品房供给受限的一线城市可能因新政的挤出效应房价继续上扬，而一些原本投机性需求较强、刚性需求较弱的三四线城市房价上涨步伐将明显放缓。

其次，各地即将出台的政策将会对土地供应、限购、税费政策、信贷政策、市场交易和保障房等进行深化，不乏出现超预期的严厉政策。一是“从严调整限购措施”中，将限购城市由原先的“一线城市”扩大到“房价上涨压力较大的城市”，使部分二三线城市可能也将纳入限购的范围。二是多地可能纷纷收紧公积金政策，如福州2013年3月21日出台公积金新政，对改善性住房需求影响较大。三是二套房商业贷可能继续收紧。

3. 楼市未来主要取决于土地政策是否变革。若现行土地政策不变，楼市未来仍将稳中有升。

执笔：王伟斌

新“国五条”出台后房租价格出现加速上扬迹象

中国人民银行重庆营业管理部调查统计处

2013年3月3~8日，重庆营业管理部对重庆市17家主要房地产中介公司21个门店、158位置业顾问（房产经纪人）、267位居民开展快速调查显示，新“国五条”出台后，房屋租赁市场供需进一步失衡，房租价格出现加速上扬迹象。

一、房租价格呈加速上扬迹象

（一）房租上涨预期进一步增强

调查显示，新“国五条”出台后，65.2%的置业顾问认为房租价格将进一步加快上涨。按照惯例，每年1月是中介公司接到提价咨询最多的月份，但据中介公司反映，仅2013年3月5日，接到租房房主提价咨询超过310人次，较1月、2月日均咨询次数分别高出逾15%和25%。

（二）房租涨幅有扩大趋势

据对17家中介公司21个主要门店统计显示，2013年3月3~8日，已有28套出租房较2月末提高了租金，套均租金涨幅为2.85%，较2月重庆市房租环比涨幅仅低0.09个百分点

（三）租金上涨住房主要集中于三居和单间户型

调查显示，28套租金上涨住房中，三居和单间户型分别占35.7%和53.6%。同时，据中介公司反映，在65套有涨价要求的出租房中，三居和单间户型占比也超过75%。

（四）租金上涨住房大都具有地理位置优势

从统计结果看，在28套租金上涨住房中，89.3%位于学区、交通便利、生活设施较为完善等地理位置优势明显的地区。

二、新“国五条”对房屋租赁市场的主要影响

（一）租房市场需求增加

居民购房观望情绪渐浓。从在房产

中介门店、售楼处等地267位居民的随机调查结果看，60.7%的居民“看不清未来房价走势”。在有购房需求的195位居民中，79.0%表示会“缓一缓，看看再说”。购房观望气氛渐浓，直接促使租房需求增加。调查中，有6位原计划“直接购买一套精装房，搬出集体宿舍”的居民，在新政出台后选择“先租房，看房价怎么走”。同时，认为房租价格将进一步上扬的置业顾问中，有82.5%将“新‘国五条’出台后，租房需求可能增加”作为房租上涨的主因。

部分有改善性住房需求的居民出现“改买为租”的倾向。调查显示，在“存在改善性购房需求”的58位居民中，有17.2%担心买房后，原有住房就不符合“家庭唯一住房”的免税条件，出售时需缴纳重税，因此准备采取“先租房、再卖自己住房、后买房”的方式。

（二）租房市场供给增长放缓

一方面，出租的低收益率使得市场供给短期内难以显著增长。据调查，重庆市主城区商品房租售比平均值在1:300至1:350，商品房租金年收益仅与1年期定期存款利率相当。因此，二手房主目前“改售为租”意愿偏弱。2013年3月3~8日，被调查的21家门店均无“改售为租”行为。

另一方面，部分房主为规避税费，赶在新政细则出台前，将出租房“改租为售”。据统计，2013年3月3~8日，21家门店共有11套出租房“改租为售”。

三、房租快速上涨中需关注的三方面

（一）应密切关注房租价格过快上涨对CPI的推动效应

2013年2月全国租房价格同比上涨2.7%，带动居住价格同比上涨2.8%，对当月CPI上涨贡献度超过15%。在2013年通胀压力较大情形下，若房租进一步上扬，对CPI的推动效应不可小视。

（二）应密切关注房租过快上涨对中低收入人群的影响

尽管目前房租上涨有明显区域和户型特征，但容易对整体房租价格形成导向作用。调查中，目前处于租房状态的居民有86位，其中37位属于中低收入家庭，认为当前房租偏高和过高的分别占54.1%和16.2%。据测算，这37位居民房租支出占其家庭可支配收入的平均比重约为26%，已高于25%的合理警戒线。若房租价格进一步加速上扬，中低收入家庭生活将受到较大影响。

（三）应密切关注中介公司对房租价格的推动作用

目前，重庆中介公司按照月租金的50%收取中介费用。一旦新政细则出台，二手房交易降温，中介公司以二手房销售为主的经纪收入将大幅下降，会将更多精力投入租房市场。中介公司炒作优质房源，抬高租金价格现象可能抬头。

执笔：胡资骏

新政下房地产问卷调查分析

中国人民银行兰州中心支行调查统计处

为了了解房产新政——“国五条”对城镇居民购房计划的影响，2013年3月末我们对兰州市400户城镇储户开展了房地产问卷调查。调查显示：兰州市居民对房价高的感受强烈；新政下居民对房价下跌预期增强，四成以上居民购房计划发生变化；虽然近九成居民已拥有住房，但居民对现有住房满意度较低；改善型购房需求强劲，新政策对改善型购房需求者影响较大；未来居民购买一手房的意愿强烈，二手房供需两不旺。

一、居民对高房价的感受强烈

调查显示，兰州市居民对当期房价的感受指数为89.63%，较上季度上升0.91个百分点，且远高于50%的临界水平，其中认为“房价高，难以接受”的居民占比高达79.75%，认为“可以接受”的居民占比为19.75%。这一调查结果表明兰州市房价过快上涨的势头虽然在房产调控政策下得到有效控制，但居民认为房价仍处于高位。同时，目前房价过高也是居民不打算购房的主要原因。被调查的无购房计划的居民中，55.23%的不打算购房的原因是“房价过高、无力购买”，尤其是目前无住房的居民，其不打算购房的原因全部是“房价过高、无力购买”。

对于兰州市房价的合理区间，调查中80.75%的居民认为房价应该在目前基础上继续“下降”，其中40%的居民认为应该“下降30%以上”，40.75%的居民认为应该“下降10%~30%”。目前房价与居民的期望值仍有一定差距。

二、新政下居民对房价下跌预期增强，四成以上居民购房计划发生改变

在新“国五条”发布后，43.25%的居民购房计划发生了变化。其中，推迟购房观望房价走势的居民占改变购房计划居民的53.18%，原来不准备购房、在预期房价下跌待房价趋稳后准备购房的居民占改变购房计划居民的29.48%，取消购房计划的居民占17.34%。居民改变

购房计划的原因：一是预期房价下跌。购房计划发生变化的居民中，50.27%的因预期房价下跌而改变购房计划，其中目前有购房需求的居民中20.66%的因预期房价下跌而推迟购房计划，原本不准备购房者中有17.72%的居民因预期房价下跌准备下跌趋稳后购房。二是首付提高和贷款受限。选择占比达39.57%，并且这两项房产政策是打击投资投机者的重要手段，有购房意愿的居民中，14.45%的居民因这两项政策而取消购房计划，21.97%的居民因这两项政策而推迟购房。

三、近九成居民已拥有住房，但居民对现有居住条件满意度较低

调查显示：兰州市近九成居民已拥有住房。其中，68.5%的居民拥有1套住房，16%的居民拥有2套住房，2.75%的居民拥有3套或3套以上住房；拥有两套及以上的居民中，自住2套或2套以上的仅占21.33%，有出售住房打算的占45.33%。有19.19%的有住房居民对当前的居住条件表示已经满足。

四、改善型购房需求强劲，国五条对改善型购房需求者影响较大

由于大部分居民对目前的居住条件不满意，当期调查中居民改善型购房需求强劲。调查显示：63.44%的有购房计划的居民购房是用来“改善居住条件”。目前兰州市仍有相当部分住宅仍是20世纪八九十年代修建的砖混结构，面积小、绿化程度低，这部分居民改善住房的要求较为强烈。新“国五条”的发布虽然抑制了居民对房地产的投资投机行为，但另一方面也提高了居民改善住房的门槛。

五、未来居民购买一手房的意愿强烈，二手房供需两不旺

在未来房产购买意向的调查中，79.13%的有购房打算的居民准备购买一手房，20.87%的有购房打算的居民准备购买二手房。未来市场上商品房和保障房供给将逐步增多，一手房市场供需两旺。相反，二手房市场由于交易所得税的征收，价格将趋涨，供给也将有所减少，在性价比的权衡下，越来越多的居民也许会放弃购买二手房，转而选择一手房。

执笔：姜晓霞　史进学

当前企业生产经营状况调查分析

中国人民银行杭州中心支行调查统计处

为及时了解春节后企业生产经营、用工、融资等状况，准确判断未来经济发展走势，2013 年 3 月上旬，杭州中心支行调查统计处组织对 575 家工业企业① 开展了相关问卷调查。调查结果显示：

(1) 春节后企业总体经营状况向好，订单情况有所好转，开工总体正常。

(2) 春节后企业务工人员返岗状况总体良好，用工总体基本满足；用工短缺和招工难问题依旧存在，但有所缓解；用工成本进一步上涨。

(3) 企业产品销售价格稳中有涨，原材料购进价格上涨更明显，且预期都有所上涨。

(4) 六成多企业表示 2013 年有投资计划，但八成多企业表示没有到中西部或者东南亚进行跨区域投资计划。

(5) 企业融资难融资贵的问题正逐步缓解，节后资金周转状况总体上有所好转。

一、企业总体经营状况向好，订单情况有所好转，开工总体正常

(一) 企业总体经营状况向好

从 2012 年四季度以来，在宏观政策逐渐明朗和市场需求趋于回暖的作用下，企业总体经营状况有所好转。据问卷调查反映，10.8%的样本企业认为 2013 年春节后经营状况比 2012 年四季度“有所好转”，83.3%的样本企业认为“基本稳定”，5.6%、0.3%的样本企业分别认为“有所恶化”、“明显恶化”。

同时，企业生产经营较为稳定。据调查反映，34.6%的样本企业认为 2013 年 1~2 月关停倒闭或者企业主出逃的事件比 2012 年四季度减少，53.9%认为是

① 调查样本企业结构情况：从规模看，大、中、小、微型企业分别占 12.5%、36.7%、40.7%、10.1%；从行业看，机械设备制造业占 12.9%，金属制品业占 8.9%，纺织业占 8.2%，塑料制品业占 6.6%，电气机械及家电制造业占 6.1%，服装及纤维业占 5.9%，食饮烟业占 5.7%，化学原料制品业占 4.2%，交通运输设备制造业占 4.2%，医药制造业占 3.0%，非金属矿物品业、电子及通信设备制造业均占 2.8%、其他工业占 28.9%。

差不多，仅11.5%认为是更多，认为减少的企业占比较更多的企业占比明显高出23.1个百分点。

（二）企业订单情况有所好转

据问卷调查反映，19.0%的样本企业认为2013年春节后企业接到的订单“较多，且超过上年同期”，认为“和上年同期差不多”的占64.3%，认为“比上年同期少一些”、“比上年同期少很多”、“没有接到订单”的分别占13.7%、2.3%、0.7%；认为订单情况是“较多，且超过上年同期”的企业比例较认为是“比上年同期少”的高出2.3个百分点。

（三）企业开工总体状况正常

据调查，节后多数企业能够按时开工，企业生产经营正常，且基本保持平稳。问卷数据显示，13.2%的样本企业反映当前开工率为100%，50.3%的样本企业反映为80%~100%，28.2%的样本企业反映为60%~80%，仅8.3%反映在60%以下。综合来看，企业当前开工率为83.2%。

二、企业务工人员返岗状况总体良好，用工总体基本满足；用工短缺和招工难问题依旧存在，但有所缓解；用工成本进一步上涨

（一）企业务工人员返岗状况总体良好，用工总体基本满足

问卷数据显示，截至2012年3月1日（农历正月20日），样本企业员工队伍中属于老员工的节后返岗平均比例为85.9%，从分布区间看，18.1%的样本企业反映节后返岗率为100%，65%反映为80%~100%（含80%），12.3%反映为60%~80%（含60%），仅4.5%反映不到60%。总体看，节后返岗率达80%及以上的企业占83.1%。

同时，企业反映当前用工形势总体较好。调查显示，40.2%的样本企业反映用工“比较充足，可以满足生产经营需求”，52.2%的样本企业反映用工“存在一定缺口，但对生产经营影响不大”，仅7.1%、0.5%的样本企业分别反映“用工缺口比较大，影响生产经营”、“用工缺口很大，无法正常开工生产”。

（二）用工短缺和招工难问题依旧存在，但有所缓解

问卷数据显示，仍有59.8%的样本企业反映存在不同程度的用工缺口，其中60.2%的中、小、微型企业反映“存在用工缺口，但较上年同期调查情况[①]有所好转”。如绍兴市53.3%的调查企业反映2013年继续存在不同程度的缺工现象，但比上年同期低0.7个百分点。

同时调查显示，招工难问题依旧存在，但有所缓解。问卷数据显示，63.8%的样本企业表示2013年春节后招工“与上年同期一样”，27.3%的样本企业表示2013年春节后招工“比上年同期困难”，仅8.9%表示“比上年同期容易”。

（三）用工成本进一步上涨

在劳动力工资普遍涨价以及招工难影响下，企业劳动力成本进一步上涨。

① 133家中小微型企业调查反映，3%样本企业反映是“十分充足”，89.5%样本企业反映是“基本满足，但存在少量缺工”，7.5%反映是“十分紧张，且缺口很大”。

问卷数据显示，53.6%的样本企业表示“用工成本有所增长”，其中认为增长10%以内的占24.3%，认为增长10%~20%的占27.1%，认为增长20%以上的占2.2%；46.1%的样本企业认为“维持基本不变”，而仅仅0.3%的样本企业认为是“有所下降”。

三、春节后企业产品销售价格稳中有涨，原材料购进价格上涨更明显，且预期都有所上涨

（一）产品销售价格稳中有涨，预期有所上涨

据调查，15.1%的样本企业反映春节后产品销售价格较2012年四季度有所上涨，77.0%的样本企业反映“价格稳定，基本没有变化”，仅8.0%的样本企业反映有所下降；认为有所上涨的企业占比较认为有所下降的高出7.1个百分点。其中，认为有所上涨的87家企业中有58.6%企业认为是“由稳定转为上涨”，29.9%认为“继续上涨”，11.5%认为“由下降转变为上涨”。同时，据企业对产品销售价格未来预期判断，17.7%的样本企业预计下一阶段产品销售价格将上涨，76.3%预计是基本平稳，仅5.9%预计是将下降，预计将上涨的企业占比较预计将下降的高出11.8个百分点。

（二）原材料购进价格上涨更明显，预期有所上涨

据调查，31.7%的样本企业反映春节后原材料购进价格较2012年四季度有所上涨，63.8%的样本企业反映“价格稳定，基本没有变化”，仅4.5%的样本企业反映“有所下降”；认为“有所上涨”的企业占比较认为“有所下降”的企业占比高出27.2个百分点。其中认为有所上涨的182家企业中50%认为“由稳定转为上涨”，40.7%认为“继续上涨”，9.3%认为“由下降转变为上涨”。同时，据企业对原材料购进价格未来预期判断，反映32.3%的样本企业预计下一阶段原材料购进价格将上涨，63.7%预计基本平稳，仅4.0%预计将下降，预计将上涨的企业占比较预计将下降的高出28.3个百分点。

四、六成多企业表示2013年有投资计划，但八成多企业表示没有到中西部或者东南亚进行跨区域投资的计划

（一）六成多企业表示2013年有投资计划，其中近半数企业拟选择在生产工艺和技术革新方面进行投资

调查显示，374家表示2013年有投资计划，占样本企业的65%。其中，374家有投资计划的企业中选择在生产工艺和技术革新方面进行投资的企业占49.2%，选择在扩大现有产品的生产规模方面进行投资的企业占42.8%，选择在延长产品线、开发新产品和现有产品升级换代方面进行投资的企业分别占37.4%、28.3%。如某企业反映，2013年企业计划投资400万元进行生产工艺和技术革新，并开发新产品，总投资额较上年增长了33.3%；当前投资资金来源主要是自有资金和银行贷款，约分别占60%、40%；目前已投资100万元专门新建厂房，投

资250万元用于购买一流无菌工艺的新流水线。

（二）八成多企业表示没有到中西部或者东南亚投资的计划

调查显示，84.7%的样本企业都表示没有且也不准备到中西部或者东南亚投资的计划，9.2%的样本企业表示“目前还没有，但已准备去中西部（或东南亚）投资”，仅3.8%、1.9%、0.2%的样本企业分别表示“在中西部（或东南亚）已有投资，但不准备扩大投资”、“在中西部（或东南亚）已有投资，还要增加投资”、“在中西部（或东南亚）有投资，但准备缩小投资规模或迁回浙江”。

五、企业融资难、融资贵的问题正逐步缓解，节后资金周转状况总体上有所好转

（一）企业总体融资成本有所下降

调查显示，84.9%的样本企业表示春节后企业向银行贷款的实际利率水平较2012年四季度保持平稳；8.3%的样本企业表示“比上年四季度有所下降”，较表示“比上年四季度有所提高”的企业比例高1.5个百分点。同时，杭州中心支行500户企业景气问卷调查显示，2013年一季度企业融资成本当期指数较上季度下降1.7点至9.7，预期指数较上季度下降4.9点至6.7。据某设备制造企业反映，2012年贷款利率需较基准利率上浮15%，2013年贷款利率只需较基准利率上浮10%。同时，从民间借贷利率水平变化情况看，77.6%的样本企业表示春节后民间借贷利率与2012年四季度大致持平；12.2%的样本企业表示“比上年四季度下降”，较表示“比上年四季度提高”的企业比例高1.9个百分点。相对的应是，企业利息支出占总成本费用的比重持续趋于下降。杭州中心支行500户企业财务调查数据显示，2013年1月企业利息支出占总成本费用比重为1.30%，较2012年全年和2012年同期均下降0.03个百分点，自2012年8月以来呈持续走低趋势。

（二）企业银行贷款满意度升至2012年一季度以来最高点

杭州中心支行500户企业景气问卷调查显示，2013年一季度银行贷款掌握情况指数较上季度回升4.9点至-12.7，升至2012年一季度重拾升势以来最高点；其中认为银行贷款掌握情况“偏严”的企业占16.5%，较上季度继续下降2.9个百分点。

（三）节后企业资金周转状况总体上有所好转

调查显示，19.1%、3.8%的样本企业分别表示春节后资金周转状况比2012年四季度“有所改善”、“更加宽松”，58.6%的样本企业表示“差不多”，16.5%、1.9%的样本企业分别表示“有所偏紧”、“更加紧张”，反映春节后资金周转状况比2012年四季度“改善”的企业占比较“偏紧”的企业占比高4.5个百分点。

陕西省当前工业经济运行状况

中国人民银行西安分行调查统计处

中国人民银行西安分行2013年3月在西安、宝鸡、汉中三城市对工业企业进行了相关调查，调查结果显示如下。

一、企业生产经营较为正常，开工情况相对良好，但是钢铁、装备制造等部分行业生产出现下滑

整体看，目前陕西省工业企业生产较为正常，开工情况相对良好。陕西A集团2013年初已经签下多个大项目；B集团在经历了2012年严峻的考验后，随着市场行情的好转，2013年订单情况良好。宝鸡市某纺织企业通过引进先进设备提高了产品质量，订单量同比增长17%。汉中某医药生产企业由于其产品需求的特殊性，在目前国际经济增长形势停滞不前的状态下，该公司的销售仍保持着稳中增长的态势，2012年订单量比2011年订单量有所增长，2013年订单量与2012年订单量基本持平。

但是由于企业所属行业的特点不同，部分企业的经营、订单情况也不理想。钢材、机床生产企业则普遍受欧债危机及世界经济增速放缓的影响，面临很大的困难；房地产市场调控导致钢铁市场持续低迷，钢材售价低位运行，销售经销商很多持观望心理，最终导致部分行业如汽车制造、装备制造、机械加工等行业生产出现下滑。企业订单受行业不景气和自身技术实力影响明显，如有色金属和黑色金属冶炼延压市场需求下降，导致订单减少，如宝鸡市某钛业公司2013年前两个月订单量较上年同期减少37.5%。

二、企业生产经营和人工成本不断走高，盈利能力仍然较弱

企业受原材料成本、人工成本、资金成本、税费负担加重等因素影响，虽然生产正常、订单向好，但是生产经营成本增大尤其是原材料价格上涨和劳动力成本增加对企业利润形成较大冲击，企业盈利能力依旧偏弱。如宝鸡市某服装企业反映，其用工成本每年增长在

15%以上；某机械加工企业反映，由于养老、医疗等社会保险基数的大幅提高，企业用工负担较重，其人均年度社保额单位缴纳超过 9000 元，同比增长约 20%。汉中市某变压器生产企业由于受电力设备行业整体竞争加剧的影响，加之小型电力设备的毛利率比较低，企业盈利能力已到低谷。

三、企业用工情况与 2012 年相比变化不大，劳动力密集型行业人员流动频繁，机器对人工的替代效应显现，专业技术人才依旧短缺难聘

一方面，随着物价上升和生活水平的提高，劳动者在对工资待遇要求提高的同时，对劳动环境和工作标准的要求也在提高，致使企业招工出现了一定程度的困难，“招工难”长期存在。尤其是在一些劳动密集型企业特别突出，如有色金属、机械加工、纺织等行业，由于工资水平相对较低，特别是一些 80 后、90 后新生代工人在提高工资要求的同时，对工作环境和个人发展也提出了更高标准，导致企业人员流动频繁，对企业生产形成较大冲击。另一方面，专业素质较高的技术人员和人才依旧短缺难聘。如某钢铁公司是有着 50 多年历史的老企业，近几年因企业产能迅速提升，以及冶炼新工艺的应用，对高素质人才的需求也相应增加。但是近两年应聘的大中专学生考虑到该企业艰苦的生活环境和工作环境，尤其是工资收入较低的现状，很多人选择了放弃，致使该公司目前难以招聘到高素质的技术人才及高学历的生产工人。调查中还发现，随着劳动力成本的上升，机器替代人工的收益效应开始显现，如宝鸡市某荣纺织厂通过引进先进设备，大幅缩减了对普通工人的需求，并预计节省的人工费用在 2~3 年内可完全弥补设备的采购费用。

四、企业资金较为紧张，应收账款和存货占款较多，投资意愿不强

据部分企业反映，目前企业销货款回笼相当困难，尤其是以现金形式支付货款的情况非常少见，大多数都是通过承兑汇票结算，且大多数汇票都经过多次背书，销货款回笼周期比以往明显拉长。2013 年一季度宝鸡市工业景气调查显示，33 户样本企业销售、税金、管理及利息支出四项费用分别增长 10.02%、31.03%、21.19%及 50.3%。企业的银行贷款满足水平有所降低，主要是银行对投向结构和信贷审批要求严格，对有色金属、房地产以及国家限制的产能过剩、不符合环保要求的行业实施信贷限入政策，增加了企业贷款难度。

在需求没有明显改善的市场环境下，企业投资意愿不强，投资主要呈现三个特点：一是对外规模扩张投资减少，将投资的重点转向内部挖潜，增加研发和技术设备更新支出，以增强市场竞争力。二是部分企业受行业不景气影响，新增投资偏离主业，投向其他高收益行业。如有些企业加大了对煤炭和房地产行业的投资，有些企业向小贷公司投资入股。

三是面对目前的经济形势，一些企业采取了维持及收缩经营的策略，投资项目受市场疲软影响，大都停滞不前，投资回收期也被无形拉长，投入成本的加大及不可控因素不得不搁置项目。汉中市某机床企业 2013 年计划技改项目投资 4645 万元，其中，添置设备 3544 万元，设备大修改造及土建项目 1101 万元。目前，在公司现金流尚不充裕的情况下，各项投资计划进展有所放缓，后续视资金情况再做决定。

五、企业税收负担依然较重

参与调查的企业普遍反映税费负担加重，特别是在当前经济景气程度低、税源减少的情况下，税务部门加大了征缴力度，甚至采取预征收的方式收缴，企业税收压力增大。以陕西某机械公司为例，该企业属于装备制造业，需要缴纳的税种包括增值税、营业税、进口环节的关税、企业所得税、城建及教育费附加等，2012 年公司缴纳各项税费近 3000 万元。D 集团反映，纺织企业原材料棉花增值税进项税率为 13%，而产成品销项税率为 17%，税差为 4%，再加上其他各项附加税，企业年平均税负达到 7%左右，远远高于其他行业。宝鸡市某企业反映，其各种税费已超过企业销售收入的 15%，利润空间进一步被挤压。汉中市某机床公司 2012 年上缴国家各种税费较 2011 年增加了 45.34%，税负率也相应地由 7.86%上升到 11.17%，税费负担有所增加。

六、对未来行业和宏观经济走势持谨慎乐观态度

参与调查的企业认为，虽然目前我国经济企稳，经济政策在结构调整和增长方式转变的总基调下，支持扩大消费、城镇化、节能环保、新兴产业政策等措施将会有效扩大国内需求，经济回暖向上的趋势会更加显著，但不确定性因素仍然存在，对未来宏观经济的走势都持谨慎乐观态度。针对于各行业的发展，企业还是充满信心。C 集团表示航空工业和民航业作为我国经济社会发展重要的战略产业，对转变经济发展方式、增强经济发展后劲具有重要意义。D 集团表示，西安市打造影响西部、辐射全国的新兴纺织基地战略布局，为企业淘汰落后产能、优化产品结构、促进产业升级带来良好机遇，企业未来的发展前景较为可观。但是如果考虑到前期经济下行带来的滞后效应，部分实体企业还将面临市场诸多考验，短期内部分企业的生产、销售还难以迅速改善，现金流紧张的局面还将持续一段时间，企业“去库存化”的问题依然较为严峻，企业经营艰难的状况难以在短时间内得到解决。

关于辽宁省部分城市企业经营及资金情况的调查

中国人民银行沈阳分行调查统计处

为了解企业生产经营情况，沈阳分行在鞍山市、营口市进行了相关调查。调查共计调查企业14户，具体调查情况如下。

一、企业生产经营总体稳定

（一）盈利情况总体较好

据调查了解，被调查的14户企业有11户在2012年实现了不同程度的盈利，其中盈利最多的企业的盈利额占销售收入的比重达17%。在亏损的3户企业中，有两户为微亏，亏损额占销售收入的比重分别为1.4%和3.1%，其中辽河铝材有限公司2012年出现由盈转亏的主要原因是公司产品铝型材近年来出口比重越来越大（2012年出口量占53%），2012年出口的铝价处于低于国内的情况，导致该公司出现亏损。13户企业中亏损最多的是五矿中板有限责任公司，2012年该公司亏损110045万元，亏损额占销售收入的比重达15.3%，该公司生产的中板产品主要用于造船、车等方面，2012年经营困难的主要原因是其产品单一、前后端产能不匹配、市场需求不足。

（二）订单情况总体充足

在被调查企业中，虽然部分企业如钢铁、纺织、镁制品等行业面临市场需求并不旺盛、利润率较低的困难，但企业总体上感受市场需求正在逐步回暖。

14户企业中，有10户企业反映订单状况良好。其中，营口光明科技有限公司产品处于行业国内领先地位，金融危机后公司生产经营虽然受到一定影响，但自2012年8月之后，企业经营不断好转，2013年订单充足，已经排到7月之后。上述亏损企业辽河铝材有限公司采取以价换量的方式不断开拓国际市场，由于2013年以来国际国内铝价差价不断减小，2013年1月已经实现了减亏，目前外销订单充足。

14户企业中，有4户企业反映2013

年订单不足或有所减少。其中，营口中基纺织有限公司主要是生产牛仔布，2013年来公司处于不断减亏的状态，2012年亏损93万元，企业反映2013年订单下降较多，主要是来自日本订单的缩减。辽宁帝诺镁业集团有限公司主要生产镁砂（耐火材料），出口占50%，该公司反映从2013年一季度情况看内销与外销订单都不太好，特别是2013年的出口需求目前并不看好。

二、汇率波动加大企业出口难度，内销回款慢导致企业优先选择出口

为刺激经济增长，各国相继实施了量化宽松货币政策，尤其是日本宣布无期限量化宽松计划，导致日元加速贬值。到2013年1月，人民币实际有效汇率已经连续4个月上涨，累计涨幅达4.1%，其中对日元升值因素影响1.3个百分点。根据国家信息中心测算，人民币对日元升值可造成我国出口实际增速下降2个百分点左右。与此同时，人民币对美元汇率不确定性增强，自2012年以来人民币对美元汇率波动明显加大，据对企业调查了解，企业明显感受到汇率波动给企业经营带来的困难在不断加大。

三、劳动力价格逐年上升，企业招工难度逐年加大

调查显示，在劳动力成本上升的压力下，企业招工难度在逐年加大，虽然大部分企业能够应对，但个别企业（如辽宁帝诺镁业集团有限公司）由于工作环境欠佳，工作性质苦、脏、累，存在招工难、人员不足的问题。近年来企业人工成本上涨较快，被调查企业中仅有1户企业工资较为稳定，其余企业工资近年来呈不断上涨趋势，涨幅约为年均10%。其中，辽河铝材有限公司2012年虽然处于亏损状况，但职工工资却上涨了25%。

四、银行贷款满足度良好，融资成本呈上升趋势

被调查企业总体反映企业资金状况有所改观，制约企业资金的主要因素是内销回款慢。企业融资以银行贷款为主，银行贷款多用于企业流动资金需求，大部分企业反映银行贷款基本能满足企业需求，但贷款利率上浮区间总体呈上升趋势。据调查了解，中型企业贷款利率普遍高于基准利率20%以上，个别企业如营口中基纺织有限公司贷款利率自2011年起上浮达到35%，较以往提高5个百分点。

执笔：卢心慧

2013年一季度内蒙古工业运行需关注的问题

中国人民银行呼和浩特中心支行调查统计处

2013年一季度，呼和浩特中心支行对辖内99户企业采取问卷方式开展调查。调查结果显示，有68.69%的企业家认为宏观经济形势正常，占比较上季度上升1.01个百分点；企业经营景气指数为68.18%，较上季度上升4.04个百分点；产品市场需求旺盛，销货款回笼状况向好，资金周转状况指数提升。同时，制约工业运行平稳增长的几个问题需要关注。

一、企业资金总体状况尚好，支付能力指数略有降低

本季度企业资金总体状况尚好，资金周转指数、销货款回笼指数、企业支付能力指数均保持在50%的景气线之上，其中，资金周转指数和销货款回笼指数分别为62.63%和64.65%，分别较上季度上升5.56个和0.50个百分点，企业支付能力指数为63.64%，较上季度小幅回落0.51个百分点。分企业规模看，小型企业的资金周转指数、销货款回笼指数、支付能力指数分别为45.46%、50.00%和59.09%，较大型企业分别低22.41个、17.86个和14.13个百分点，较中型企业分别低17.88个、15.84个和0.91个百分点，小型企业本季度资金状况相对偏紧。

二、生产经营成本有所提升，盈利空间进一步被压缩

本季度原材料购进价格指数和生产资料综合价格指数分别为71.72%和71.21%，分别较上季度上升1.01个和3.54个百分点，企业盈利空间进一步被压缩，本季度盈利能力情况指数为49.50%，连续三个季度降至50%的景气线之下。调查显示，认为本企业盈利情况“增盈”的企业家占比仅为24.24%，较上季度下降1.01个百分点。分企业规模看，中型企业盈利能力指数水平最高

为 51.67%，较大型、小型企业分别高出 5.24 个和 6.22 个百分点，除中型企业外，大型、小型企业盈利能力指数均较上季度回落，分别下降 7.14 个和 4.55 个百分点。

三、银行贷款满意程度降低，借款利率水平指数回落

本季度银行贷款掌握情况指数为 36.87%，较上季度下降 1.01 个百分点，其中，有 67.68%的企业家认为银行贷款掌握“适度”，占比较上季度下降 2.02 个百分点；借款利率水平指数为 35.36%，较上季度下降 1.01 个百分点，其中，有 30.30%的企业家认为借款利率水平“偏高”，占比较上季度上升 2.02 个百分点。分企业规模看，大型企业银行贷款掌握情况指数和借款利率水平指数分别为 30.36%和 32.14%，分别较上季度下降 5.36 个和 1.79 个百分点，指数较中型企业分别低 12.98 个和 6.20 个百分点，较小型企业分别高出 12.18 个和 4.87 个百分点。

四、生产速度本季仍呈低位，设备利用水平有待提高

本季度企业总产值速度指数较上季度上升 3.03 个百分点，增幅进一步扩大，连续两个季度回升，累计提高 4.55 个百分点，达到 44.45%，但是仍呈低位，设备利用水平指数为 41.42%，与上季度持平，仍位于景气线之下有待提高。分企业规模看，大型、中型、小型企业设备利用指数分别为 41.07%、42.50%和 36.37%，分别较上季度下降 3.58 个百分点、上升 1.67 个百分点、持平。分行业看，服装及纤维业、机械设备制造业、交通运输设备制造业、电气热业、纺织业设备利用指数均与上季度持平，食饮烟业设备利用指数较上季度下降 5.55 个百分点。

五、企业设备投资意愿回落，部分行业经营状况不良

本季度企业投资扩张的动力不足，设备投资指数为 49.50%，较上季度回落 1.01 个百分点降至景气线之下。分行业看，煤炭采选业、机械设备制造业、食饮烟业设备投资指数分别较上季度下降 11.11 个、8.33 个和 2.78 个百分点。调查显示，认为当前设备投资“增加”的企业家占比仅为 17.17%，较上季度下降 3.03 个百分点，认为行业整体经营状况“良好”的企业家占比为 32.32%，较上季度上升 1.01 个百分点。部分行业经营状况不良，分行业看，石油和天然气开采业、医药制造业经营状况指数较上季度分别下降 25.00 个和 12.50 个白分点。

执笔：李英俊　景超煦

对企业信贷融资成本的调查及思考

中国人民银行开封市中心支行调查统计科

为有效降低企业融资成本，引导低成本信贷资金流入实体经济，需要摸清实体经济，尤其是小微企业信贷融资成本的构成情况，开封市中心支行进行了相关调查。

一、信贷融资成本构成情况

我们共选取开封市30家工业企业为样本，其中大型企业4家，中型企业8家、小微企业18家。调查显示，企业信贷融资成本主要由贷款利息、中介机构收费和政府部门收费组成。

（一）贷款利息

从被调查的30家企业融资情况看，大型企业最受银行青睐，是各家银行竞争的对象。4家大型企业均获得了基准利率或基准利率上浮10%的贷款。一些投资项目大、社会知名度高、财务实力强、前景广阔的大企业，虽只接受基准利率的报价，但仍有较多银行主动要求提供贷款。中型企业拥有较强的议价能力，但在利息浮动幅度上却出现了分化。8家中型企业中有1家贷款利率获得了基准利率，2家上浮10%，其余5家则至少上浮30%以上，有2家上浮了60%。小微型企业一般认为议价能力较弱，贷款利息出现了更明显的分化。小微企业贷款全部是1年期的短期贷款，有1家贷款利息为基准利率，2家为上浮30%，其余15家均上浮30%以上，其中有9家上浮50%以上，有1家上浮100%以上。

（二）中介机构收费

贷款流程中的中介机构收费以资产评估费为主。由于市场中评估公司和会计师事务所之类的中介机构数量较多，且机构之间竞争激烈，因而收费存在较大的议价空间。目前开封市各中介机构对外公布的资产评估费费率为0.5%，但经过议价，企业均无须按此费率缴纳。企业缴纳的评估费均低于按0.5%费率计算的金额，企业的加权平均费率为0.1%，调查显示，中介机构收费市场化程度高，企业自身的议价能力起主要作用。

（三）抵押登记收费

贷款流程中如涉及房产抵押的有关

部门须收取抵押登记费，开封市目前公布的收费办法是按贷款额 0.2%的费率收取。在市区范围内严格按照该办法执行，且实行收支两条线管理，不存在议价的空间。在市辖县域内的执行情况比较多样化。市辖 5 县有 2 个县的房产抵押登记费按照贷款额的 0.2%收取；1 个县按照贷款额的 0.2%+60 元登记费收取；1 个县按照房产评估额的 0.2%收取；1 个县按照评估额的 0.4%+500 元登记费收取。由于评估金额一般高于贷款金额，按照评估额计费的费用更高。虽然县域内收费标准较高，但企业往往可以通过与有关部门议价来获取优惠费率。

二、存在的问题

(一) 银行多有附加条件

调查企业反映，银行间竞争格局已基本形成，银行在贷款流程中的操作比较规范，尚无企业遇到贷款须按比例回存至贷款行、销售回款须在贷款行结算、搭售理财产品等情况。企业反映的问题主要集中在放贷时银行干预企业的自主选择。据了解，辖内部分银行指定评估公司，其他机构的评价报告不予采信，企业贷款只能到指定机构评估，影响了企业自主议价空间，增加了企业融资成本，只有 1 家企业反映贷款以票据的形式发放。尤其对于资金实力薄弱、议价能力低的小微企业，干预和附加条件的影响更加明显。以尉氏县柳源化工有限责任公司为例，其贷款额为 400 万元，贷款利率为一年期 7.8%，评估费为 18000 元，抵押登记费为 5000 元，贷款总成本为 335000 元，其中评估费占比为 5.4%。

(二) 企业融资渠道单一

银行追加各种附加条件，除了银行自身为获取利润外，也说明了企业融资渠道单一，过度依赖银行贷款。被调查的 30 家企业获得资金的渠道除了银行贷款外，只有民间借贷一类。

(三) 抵押登记费收费较高，银行转嫁有关费用

一是抵押登记费收费较高。按照《国家发展改革委、财政部关于规范房屋登记费计费方式和收费标准等有关问题的通知》（发改价格 [2008] 924 号）的规定，“房屋抵押登记按件收取，不得按照房屋的面积、体积或者价款的比例收取。住房房屋登记收费标准为每件 80 元；非住房房屋登记收费标准为每件 550 元。”但据被调查企业反映，办理房屋抵押贷款登记时均按比例收费，而按贷款额或评估额的比例收取的费用均远高于按件收费。二是该文件同时规定“房屋登记费向申请人收取。但按规定需由当事人双方共同申请的，只能向登记为房屋权利人的一方收取。”银行作为房屋权利人，并未承担这项费用，而是将其转嫁给申请贷款的企业，由企业缴纳，进一步增加了企业融资成本。

执笔：卢　铮　张婧洁

2010~2012年湖北省银行资产负债表分析

中国人民银行武汉分行调查统计处

资产负债表综合反映银行各项运营所引致的资金来源分布和资金使用配置状况，同社会经济运行高度正相关。合并银行资产负债表既是经济金融运行的综合体现，又是银行经营管理的集中反映，其扩张和收缩与货币政策在区域经济金融的传导和实施有密切关系。本文通过对近年湖北省银行资产负债表的跟踪分析，探讨对区域经济金融有系统性重要影响的资产负债项，研究人民银行分支机构传导实施货币政策、加强窗口指导的路径和机制，提出促进银行稳健经营、维护区域金融稳定的建议。

一、湖北省银行业资产负债表特点

（一）资产负债表快速扩张

2012年末，湖北省银行业总资产达35776亿元，是当年地区生产总值的1.61倍；比2010年末增长40.4%，明显快于同阶段地区生产总值增速（见表1）。

（二）资产负债结构总体稳定

从资产项目看，贷款增长与资产规模扩张速度基本同步，占比稳定在50%以上。从负债项目看，单位存款和储蓄存款是银行负债的主要来源，占银行资金来源的七成以上（见表2）。

（三）系统内资金往来较多

银行系统内资金管理、计价模式等直接影响分支机构资产配置和盈利水平。2010年、2011年和2012年末存放系统内款项分别占资产总计的29.06%、27.58%和25.27%，虽然存放系统内款项占资产总计比重呈下降趋势，但仍是银行资产配置中仅次于贷款的重要方向，在资金运用中具有举足轻重的影响。从负债方看，3年来系统内存放款项分别占负债及所有者权益的10.09%、10.43%和11.07%，也是银行负债中仅次于储蓄存款和单位存款的主要资金来源。

（四）与中央银行资金往来较少

存放中央银行款项多少与地方法人

表 1　2010~2012 年资产负债总体情况表

项目/年度	2012	2011	2010
资产总计（亿元）	35775.69	30082.41	25485.29
同比（%）	18.9	18	
负债合计（亿元）	34763.60	29238.58	24812.10
同比（%）	18.9	17.8	
所有者权益合计（亿元）	1012.09	843.84	673.19
同比（%）	19.9	25.3	
地区生产总值（亿元）	22250.16	19632.26	15967.61
同比（%）	11.3	13.83	14.8

表 2　资产负债主要项目占比情况表　　（单位：%）

栏目	资产			栏目	负债及所有者权益		
年度	2012	2011	2010		2012	2011	2010
存放中央银行款项	3.58	3.23	2.88	单位存款	32.65	34.19	36.46
存放同业款项	3.68	3.30	2.65	储蓄存款	38.03	37.95	38.67
存放系统内款项	25.27	27.58	29.06	同业存放款项	5.39	4.87	3.25
贷款	50.12	51.69	52.10	系统内存放款项	11.07	10.43	10.09
贸易融资	2.35	1.72	1.23	卖出回购款项	1.69	2.30	1.69
贴现及买断式转贴现	0.88	0.97	1.42	存入保证金	4.79	4.53	4.30
拆放同业	1.03	0.90	0.30	负债合计	97.17	97.19	97.36
投资	5.68	3.96	4.15	本年利润	1.30	1.28	1.21
买入返售资产	5.80	4.71	4.20	所有者权益合计	2.83	2.81	2.64
资产总计	100	100	100	负债及所有者权益总计	100	100	100

注：本表主要反映 2012 年末在资产总计中占比在 1%以上的项目。

金融机构的成长壮大、法定存款准备金政策、中央银行支付系统建设以及现金管理与服务状况有关，近几年湖北银行业存放中央银行款项呈上升态势，占资产总计比重从 2010 年末的 2.88%上升到 2012 年末的 3.58%。向中央银行借款主要是全国性银行分支机构申请再贴现、地方法人金融机构申请再贷款等，与货币政策和信贷政策导向有关，近几年虽有一定增长，但占负债及所有者权益之比仍然较低（见表 4）。

（五）同业资金往来增长较快

同业资金往来除了受系统内资金管理约束外，还与机构头寸松紧、市场流动性水平、股票市场波动等有关。近三年，同业往来无论是规模，还是在资产或负债占比，都表现出较快的增长趋势（见表 5）。

表 3　系统内往来资金情况表

年　度	2012	2011	2010
存放系统内款项（亿元）	9041.26	8296.74	7405.22
占资产总计（%）	25.27	27.58	29.06
系统内存放款项（亿元）	3960.19	3138.66	2572.67
占负债及所有者权益合计（%）	11.07	10.43	10.09

表 4　与中央银行资金往来情况表

年　度	2012	2011	2010
存放中央银行款项（亿元）	1279.14	970.89	734.36
占资产总计（%）	3.58	3.23	2.88
向中央银行借款（亿元）	30.81	15.53	8.16
占负债及所有者权益合计（%）	0.09	0.05	0.03

表 5　同业资金往来情况表

年度	2012	2011	2010
存放同业款项（亿元）	1317.03	991.84	674.48
占资产总计（%）	3.68	3.30	2.65
同业存放款项（亿元）	1929.90	1465.50	828.61
占负债及所有者权益合计（%）	5.39	4.87	3.25

二、值得关注的问题

（一）资产负债错配风险

资产配置前三位分别是贷款、存放系统内款项、投资和买入返售资产，合计占比在 80%以上，其中资金主要用于本地的贷款在总资产中的比重占到五成以上，但呈逐年下降趋势；存放系统内款项、投资和买入返售资产合计占比在 37%左右，资金运用存在去区域化现象。负债前三位来源分别是储蓄存款、单位存款、系统内存放款项，合计占比在 80%以上，2012 年末，储蓄存款和单位存款分别占负债及所有者权益的 38.03%和 32.65%，资金来源本地化是银行负债的主体和主流，应付债券、应付股利等市场化负债很少。因此，除了期限错配、利率错配、货币错配等常规因素外，区域负债来源本地化与资金运用去区域化对资产负债表的稳健发展也有显著影响，为区域货币政策传导和实施增加了难度。

（二）委托代理风险

湖北省金融业主体是全国性银行分支机构，体现在法人层面的监管资本难以量化到分支机构，其经营管理主要与经济资本、收入激励挂钩，风险约束偏软。表现在合并资产负债表上是所有者权益少，比重不到3%。所有者缺位和所有权缺陷一方面增加了银行高管人员的委托代理风险，银行为追求信贷资金的控制权和控制权剩余有可能牺牲资产负债表的稳健性，如高息揽存、信贷投向高风险高收益企业等；另一方面增加了监管部门的监管压力。

（三）资产负债表扩张风险

区域银行资产负债表扩张具有路径依赖特征。如负债扩张主要依赖单位和居民存款，资产扩张主要依赖系统内资金上存和信贷扩张。这些资产负债项目对银行安全性、流动性、盈利性具有系统性重要影响，路径依赖又不断刺激存贷款市场份额竞争，如存款“搬家”等增加金融整体筹资成本，贷款竞争则不断加剧“贷大”、“贷优”等现象，导致优质企业存贷虚增，影响了信贷配置效率。

三、几点建议

（一）加强银行负债管理

一是加强各项存款统计监测，稳健推进存款利率市场化，避免存款无序和恶性竞争，有效调控银行综合筹资成本。二是不断巩固和提升基准利率、SHIBOR等在储蓄、同业存款定价中的地位和作用，引导合理预期，维护良好的存款秩序。三是探索地方中小法人金融机构债务融资渠道，促进银行负债多元化发展。

（二）加强银行资产管理

对各级各类银行资金管理和计价模式进行备案跟踪，抑制系统内上存资金的不正常增长，确保银行系统内上存资金安全稳健。重视货币政策在区域横向传导与系统内纵向传导的协调配合，综合运用信贷政策执行效果综合评估与窗口指导意见，完善银行分支机构与地方经济发展的利益联系机制，增强宏观调控的有效性。

（三）放大中央银行资产负债表渠道效应

充分运用货币政策工具和中央银行基础货币调控银行资产负债表安全性、流动性、盈利性均衡水平。提高商业银行向中央银行借款的积极性和有效性，增强商业银行存放中央银行款项的预见性和合规性，完善货币乘数管理。

执笔：朱文胜　潘　晶

广东省大型商业银行中小微企业信贷专营机构调查

中国人民银行广州分行调查统计处
中国人民银行韶关市中心支行调查统计科

当前，大型商业银行正在进行以设立中小微企业信贷专营机构为主要内容的信贷组织体制改革，解决融资瓶颈的创新模式——中小微企业信贷专营机构被国内多家银行采用。本文将探讨广东省大型商业银行中小微企业信贷专营机构的发展模式及面临的问题。结论显示，大型商业银行中小微企业信贷专营机构属于分级管理制模式，分级管理制模式能保持业务发展延续性，提高资源使用效率，降低大型商业银行直接进行中小微企业专营机构改革的阻力和风险；但与其他专营模式相比，分级管理制模式机构的独立性相对较弱，专业化程度不高，同时，还面临贷款业务的流程、管理体系不太完善，管理成本高等问题。

一、中小微企业信贷专营机构发展模式

（一）广东省大型商业银行中小微企业信贷专营机构分级管理制模式

2008年12月，银监会发布《关于银行建立中小微企业信贷专营机构法人指导意见》（以下简称《指导意见》），鼓励并指引商业银行建立专门的中小微企业信贷融资机构；商业银行落实银监会支持中小微企业融资，积极设立中小微企业信贷专营机构，建立中小微企业信贷专营机构，有效提升了金融机构服务中小微企业的能力。

从中小微企业信贷专营机构发展模式来看，我国目前中小微企业专营机构主要有以下四种模式：独立准法人制、准事业部制、专业支行制以及分级管理制中小微企业信贷专营模式。就广东省大型商业银行来说，其经营模式属于分

级管理制；例如，目前，工商银行广东省分行建立了一级分行中小微企业金融业务部、二级分行中小微企业金融业务中心和中小微企业专业支行（或中小微企业分中心）；中国银行广东省分行设立了省行中小微企业业务部和32家中小微企业中心；农业银行广东省分行在全省范围内组建了22家中小微企业金融服务中心和78家中小微企业金融服务分中心。分级管理制模式适应于未进行大规模事业部制改革的大型商业银行。大型商业银行组织结构复杂、人员众多，从总行层面开展中小微企业信贷专营机构事业部制直线改革存在很大的改革成本和阻力，因此，大型商业银行依托原有健全的组织架构，开展中小微企业专营机构建设，保持业务发展的延续性。

（二）大型商业银行中小微企业信贷专营机构分级管理制模式与其他专营模式比较分析

分级管理制中小微企业信贷专营模式的特点为：垂直管理、线条指导、单独考核，具有独立审贷流程，提高了审贷时效。例如，工商银行广东省分行建立了一整套独立的、适应中小微企业经营特点的信贷制度，实施“一个产品，一个流程”的模式，依托IT系统实现“评级、授信、押品评估、贷款业务”四位一体的规范化、标准化流程；中国银行广东省分行制定了《中国银行股份有限公司广东省分行中小微企业授信管理实施细则》，开发了一套有效针对中小微企业特性、独立于大企业审贷风险管理的操作流程。符合条件的借款人可免走“三位一体”审批流程，直接由审批人根据权限对授信项目予以审批，提高了审批时效，满足了中小微企业的用款“急、频、快”的特性。

分级管理制模式在原有经营管理基础上保持业务发展延续性，综合利用原有资源，不进行重复投资，提高了资源的使用效率；降低了大型商业银行直接进行中小微企业专营机构改革的阻力和风险，是较为稳健的做法。但与独立准法人制和准事业部制中小微企业专营模式相比，分级管理制模式的缺点为机构的独立性相对较弱，专业化程度不高，分支行有做大不做小的倾向；服务队伍专业化、产品专业化建设不足，专业化管理水平较难提升。

二、中小微企业信贷专营机构发展面临的一些问题

（一）贷款业务的流程、管理体系有缺陷，还需要进一步完善

据建设银行广东省分行、农业银行广东省分行和中国银行广东省分行反映，目前，中小微企业信贷专营机构信贷流程和管理体系存在一定缺陷。尽管各家商业银行在中小微企业贷款审批权限的下放上作出了一定努力，但由于商业银行的管理层级较多，在中小微企业信贷营销的支行层级基本没有审批权限，多数中小微企业贷款仍需经过多级审批，管理环节多、决策时间长、审批效率低等情况依然存在。同时，中小微企业信贷业务存在单户金额小、客户数量多、

表1　广东省大型商业银行分级管理制中小微企业信贷专营模式与其他专营模式比较

模式类型	独立性	适应性	模式优点	模式不足
分级管理制	垂直管理 线条指导 单独考核 独立不足	适应于未进行大规模事业部制改革的大型商业银行。如工、农、中、建。	1. 降低大型银行直接进行中小微企业专营机构改革的阻力和风险，为较为稳健的做法。 2. 充分依托全行力量，在原有经营管理基础上保持业务发展延续性。 3. 综合利用原有资源，不用进行重复投资，提高资源使用效率。 4. 总行运用各种杠杆推动信贷业务快速发展，并进行专项指标单独考核和统计，调动分支行的积极性。	1. 专业化程度不高，未能完全满足银监会权责统一、独立运作的“六项机制”要求。 2. 业务指标考核压力大，绩效考核机制不能充分激发内在动力，分支行有做大不做小的倾向。 3. 服务队伍专业化、产品专业化建设不足，难以提升专业化管理水平。
独立准法人制	离行经营 独立法人 独立核算 自负盈亏	适应于已在全行推行事业部制改革，初步建立了事业部制组织架构的银行，如民生银行。	1. 完全符合银监会权责统一、独立运作的“六项机制”要求。 2. 以事业部形式开展中小微企业信贷营销能提高营销的专业化程度，迅速占领和扩大市场，有利于统筹前台营销和后台管理打造符合中小微企业金融规律与特征的专业化经营。 3. 各种创新活动有利于全行中小微企业业务标准化、流程化、专业化、独立化管理。	1. 各事业部内部的人力、财力和行政相对独立，与总行有关职能部门可能存在权力争夺，影响效率。 2. 各事业部均需建立独立的客户管理、产品开发和贷款定价系统，各事业部之间的资源整合较为复杂。
准事业部制	垂直管理 权力下放 权责统一 相对独立	适合规模较小且未大规模开展事业部制改革的股份制商业银行，如招商银行，目前其信用卡中心就是采用这种模式。	1. 依托全行的组织机构直接改建准事业部“信贷工厂”成本低。 2. 能提高产品营销专业化程度，迅速占据与扩大市场。 3. 能实现作业流程化、生产批量化、风险分散化发展运作业务又能有效地控制风险。	1. 中小微企业专营机构的目标市场与现有批发银行业务的目标市场有交叉，存在客户资源的争夺问题。 2. 在客户的结算方面需要支行和网点的支持，双方存在大量的成本和利润的核算问题。
专业支行制	隶属分行 条线管理 授权经营 独立不足	适应于建设经验不足，尚处于小规模业务推广和经验积累阶段的中小型商业银行	1. 不与其他支行中小微企业信贷业务相抵触，不会影响到分行的整体业务模式。 2. 自有审批权限内审批贷款，有利于培养专业人才，提高积极性。 3. 对尚不成熟的商业银行成功向垂直化、专业化、条线化的中小微企业事业部制迈进创造条件。	1. 不能完全符合银监部门鼓励建立中小微企业专营机构的要求。 2. 存在单点支行服务半径有限，难以覆盖整个区域的问题。 3. 信息技术系统无法进行集中开发，无法实现独立核算，以及专门经营管理和资金运转的系统化产品。

信息不对称的特点，一方面客户调查难度大、耗时长，另一方面效率要求高、单户贡献度低，造成中小微企业，特别是小微企业信贷业务投入产品相对较低。尽管商业银行已专门针对中小微企业信贷业务进行了流程再造，大大缩短了流程、提高了效率，但现阶段中小微企业信贷业务还属于“劳动密集型”的增长方式，集约化的经营模式仍在探索过程中。

（二）管理成本高，贷款盈利水平较低，影响可持续发展

据建设银行广东省分行反映，与其他部门相比，中小微企业信贷专营机构管理成本高而盈利水平低制约了中小微企业贷款业务的开展。中小微企业信贷专营机构的经营范围较为单一，专注为中小微企业提供以授信为主的金融服务，在市场开拓前期具有较大难度；同时，由于中小微企业信贷金额小、笔数多，相比大企业信贷，客户经理需要花费大量时间和精力才能取得同等收益，信贷成本较高。同时，根据《指导意见》的要求，中小微企业信贷专营机构应按战略事业部形式建立，独立经营、独立管理。从国际经验来看，商业银行推行事业部制必须解决的难题之一就是如何妥善协调银行内部不同部门间的关系，降低因部门内耗而产生的管理成本。

（三）人员的激励约束和培养问题

一是风险与考核问责机制不匹配。据中国银行广东省分行和农业银行广东省分行反映，当前，中小微企业信贷专营部门不同程度地存在从业人员待遇低、正向激励不够等问题。一方面，中小微企业本身经营规模小，抗风险能力弱，经营中小微企业，特别是小微企业信贷业务的风险高于大型企业；另一方面，现行中小微企业信贷业务的考核问责机制与大型企业信贷业务基本一致，尽职免责措施难以落实，不能从制度上保障信贷人员，造成经营过程中心存顾虑，导致惜贷、惧贷现象发生。二是专业人才队伍建设问题。中小微企业信贷专营部门的专业性需要给从业人员的专业化业务水平提供支撑，建立一支高素质、专业化的中小微企业信贷营销队伍需要长期、大量地对中小微企业贷款从业人员进行系统、全面的培训，提升客户经理的整体素质；但由于中小微企业信贷专营刚刚设立，中小微企业服务队伍普遍较年轻，有的金融机构还尚未成立，专职信贷人员较少，中小微企业信贷的培训体系还未完全建立。因此，如何建立专业化的人员培训机制也是需要关注的问题。

（四）资金来源问题

中小微企业专营机构没有吸存功能，放贷资金主要来源于总行的拆借，如何在信贷紧缩环境下，使中小微企业专营机构的资金资源不受影响，以保证中小微企业信贷业务的正常开展，需要获得有关部门的支持。

执笔：姚兴伍

应关注同业存款波动对货币政策传导的影响

中国人民银行安阳市中心支行调查统计科

近年来，我国同业存款规模快速扩大，并有波动加剧趋势，对金融机构流动性变化和中央银行货币政策传导产生了一定负面影响。

一、安阳市金融同业存款波动情况及原因

（一）2012年以来的波动情况

1. 2012年以来，安阳市同业存款总量呈现向下波动趋势。截至2013年2月末，安阳市15家银行业金融机构中（不含下属机构），除德丰村镇银行未发生过同业存款业务外，其他各行社均有同业存款业务发生，占机构总数的93.33%。2012年一季度、二季度、三季度、四季度末和2013年2月末，同业存款余额分别为595652万元、516368万元、471981万元、402133万元、388539万元。其中除2012年一季度末较年初增加257762万元环比增长72.29%外，其他三个季度至2013年2月末均呈现下降趋势，环比分别增长–13.31%、–8.6%、–14.8%、–3.38%。

2. 活期同业存款占比呈现向上波动趋势。从期限结构看，2012年一季末至2013年2月末，安阳市活期同业存款占比分别为24.1%、24.91%、27.26%、55.92%、63.04%，呈现向上波动趋势。同时，定期同业存款占比分别为75.9%、75.09%、72.74%、44.08%、36.96%，呈现向下波动趋势。

3. 存款类机构在同业存款来源中占主导地位。从来源结构看，存款类金融机构是安阳市银行同业存款的主要来源，其次是保险类机构金融机构，证券类机构和其他机构仅有少量同业存款用于机构自身运作和日常结算。如2013年2月末，存款类、保险类、证券类和其他机构同业存款分别占93.89%、5.95%、0.01%、0.15%。定期同业存款全部来源于存款类金融机构。此外，保险类机构

同业存款主要集中于大型商业银行。

4. 调查时段内各家银行同业存款均存在较大波幅。从调查获得的数据看，2012 年一季度末至 2013 年 2 月末各银行业机构同业存款均存在较大的波动幅度，其中安阳交通银行、中信银行、招商银行、上海浦东发展银行等股份制商业银行波动尤其明显。例如，安阳交通银行 2012 年一季度末同业存款余额为 132000 万元， 四季末余额则为 0。同时农村信用社同业存款总体保持平稳状态，2012 年四个季度基本维持在 3000 万元上下，但到 2013 年 2 月末出现较大幅度的增长，较 2012 年末增长 501.35%。

（二）形成波动的主要成因分析

1. 考核压力导致银行间对同业存款竞争加剧。安阳市 15 家银行业金融机构中，上级行用不同形式将同业存款纳入考核指标的共 11 家，占 73.33%。这些银行为完成上级行考核指标，相互采用各种公关手段争夺同业存款资金，导致同业存款资金在各机构之间转来转去形成波动。此外，在银行业机构内部，为完成上级行不同考核指标，通过调整存款课目归属，也会导致同业存款波动。例如，在同业存款指标已经完成，而一般性存款指标尚未完成的情况下，将同业存款调到单位存款、通知存款等中反映。

2. 新入驻机构为快速进入市场大力吸收同业存款资金。中信银行、上海浦东发展银行等新进入安阳市场的银行业金融机构，为快速融入当地市场，在采取各类措施吸收企事业单位及个人一般性存款的同时，也不断采取各类措施争取同业存款资金的存放。特别是新进入安阳市场股份制商业银行经营机制更加灵活，对同业存款资金的竞争更为有效，客观上也加剧了同业存款市场的波动。如 2012 年初刚刚进入安阳市场的上海浦东发展银行，2012 年一季度末同业存款余额就达 10000 万元，占当期市场份额的 1.68%，同年三季度末市场份额则达到了 9.45%。

3. 资金充足银行不断寻找高收益存款行。根据调查了解到的情况，安阳市同业存款在存款类金融机构中，主要来源于农村信用社。截至 2013 年 2 月末，安阳市农村信用社剔除处置不良贷款 277100 万元因素后，存差资金达 1573421 万元。由于不能像大型商业银行分支机构一样，将资金上存到上级行，且通过投资债券市场等手段，只能有限解决这部分资金出路，因此该机构把相当部分资金投入同业存款市场。而在同业存款利率完全市场化条件下，其资金必然流向利率相对较高的银行。

二、对货币政策传导的影响

（一）影响准备金政策传导效果

商业银行以较高利率吸收同业存款，其目的是通过各种渠道，将这部分资金运用出去以获取相应利益，最终都将增加社会资金供应量。目前存款准备金缴存范围不包括同业存款，因此在中央银行通过调整法定存款准备金率，进而调节社会资金总供量过程中，也就不涉及由同业存款规模影响有社会资金供应量，从而弱化了准备金政策的传导效果。

（二）影响利率调控政策传导效果

调节存贷款基准利率是中央银行调节社会资金供应量的又一重要政策工具。目前，一般存款利率尚未完全放开，而同业存款利率完全放开。在中央银行下调存款基准利率时，存款类金融机构可以通过发行各类理财产品吸收资金，同时非存款类金融机构也可以通过各种途径高息吸收资金，再以同业存款的形式进入银行体系，从而在实事上提高了存款利率，进而影响中央银行通过利率调整，调控社会资金供应量的政策目标。

（三）影响公开市场业务操作传导效果

中央银行在公开市场操作过程中，当需要卖出票据减少社会资金供应量时，由于同业存款市场利率相对较高，因而会影响商业银行买入中央银行票据的积极性，同时加大中央银行交易成本。当需要买入票据增加社会资金供应量时，商业银行可能将卖出票据获得的资金，投放到同业存款中获取利益，而不是用于资金投放。同时，由于同业存款频繁波动，且未纳入一般存款统计，因而对中央银行判断公开市场业务操作量的多少，也将产生一定不利影响。

（四）影响涉农信贷政策传导效果

为推动“三农”经济发展，中央银行对农村地方法人机构执行较其他银行业金融机构明显优惠的存款准备金政策，同时出台了《关于鼓励县域法人金融机构将新增存款一定比例用于当地贷款的考核办法（试行)》，用于引导县域资金主要用于农村信贷资金投放。当前同业存款市场的现状，事实上给农村地方法人机构提供了一个安全性、流动性和效益性均较为有利的投资品种。出于自身利益的考虑，农村地方法人机构势必会把大量资金投放到这一市场中去，而不是用于农村信贷资金的合理增长，从而影响中央银行涉农信贷政策的传导效果。

执笔：杨爱芳　元　勇

装备制造业对四川省经济增长的影响分析

中国人民银行成都分行调查统计处
中国人民银行自贡市中心支行调查统计科

四川省是全国装备制造业的重要基地，现已形成以德阳、成都、自贡三市为核心并涵盖清洁高效发电设备、重型机械及容器等九条重点产品链的发展格局，在全省经济增长中的地位和作用更加突出。

一、装备制造业对经济增长的直接贡献

装备制造业增加值分别在全省工业增加值和地区生产总值中的占比，以及其增加值增量分别在全省工业增加值增量和地区生产总值增量中的占比，是客观反映装备制造业对全省经济增长直接贡献的两个最主要的指标。①

装备制造业对全省工业增加值和地区生产总值的贡献一直比较大，最低分别为16.17%和6.65%（1999年），最高分别为37.47%和25.98%（2011年），亚洲金融危机期间下降幅度较大，从2000年开始呈现逐年上升态势。

按照国民经济分类，装备制造业包括金属制品业，通用设备制造业，专用设备制造业，交通运输设备制[illegible]气机械及器材制造业，通信设备、计算机及其他电子设备制造业，仪器仪表及文化、办公用机械制造业七个大类。

装备制造业分部门工业增加值对地区生产总值的贡献差异较大，其中通用设备制造业和通信设备、计算机及其他电子设备制造业贡献最大，而仪器仪表及文化、办公用机械制造业贡献最小。从趋势来看，亚洲金融危机后，从2000年开始，七大部门对地区生产总值的贡献整体成逐年增加的态势，其中通用设备制造业和通信设备、计算机及其他电

① 文中图表数据来源于1993-2012年《四川省统计年检》和《四川省国民经济和社会发展统计公报》；为了可比性，用1978年为基期的地区生产总值指数和工业指数对数据作了调整。

表 1 四川省装备制造业对经济增长的直接贡献 (单位：%)

年份	1992	1993	1994	1995	1996	1997	1998	1999	2000	2001
szb/sgy	30.31	38.74	28.21	28.68	22.34	22.34	19.86	16.17	18.54	17.17
szbz/sgyz	—	80.29	-28.49	33.04	-55.00	22.31	-5.37	-47.25	48.19	36.59
szb/sGDP	11.24	15.28	11.85	12.04	9.18	9.25	8.23	6.65	7.60	7.11
szbz/sGDPz	—	46.17	-18.41	13.79	-17.85	9.91	-2.26	17.19	18.77	1.70
时间	2002	2003	2004	2005	2006	2007	2008	2009	2010	2011
szb/sgy	18.96	19.56	20.76	23.07	26.58	34.11	37.01	36.57	37.11	37.47
szbz/sgyz	33.70	23.27	26.81	34.53	42.85	69.20	55.56	34.28	39.45	39.17
szb/sGDP	7.99	8.61	9.71	11.52	14.20	19.35	21.87	22.46	24.33	25.98
szbz/sGDPz	16.55	14.08	18.36	25.90	34.08	54.86	44.69	26.54	36.73	36.98

注：szb 为实际装备制造业增加值，sgy 为实际工业增加值，szbz 为实际装备制造业增量，sgyz 为实际工业增加值增量，sGDP 为实际 GDP，sGDPz 为实际 GDP 增量。

子设备制造业上升较快，而仪器仪表及文化、办公用机械制造业上升缓慢。

装备制造业分部门增量对地区生产[illegible]量的贡献情况与总量情况基本一[illegible]设备制造业和通信设备、计算机及其他电子设备制造业波动较大，而仪器仪表及文化、办公用机械制造业和金属制品业波动较小。从趋势来看，2001 年前分部门贡献率波动较大，之后波动减小、贡献为正且呈逐年上升趋势。

二、装备制造业分部门关联效应及对经济增长的间接作用

装备制造业分部门之间的关联效应对经济增长也有一定的影响作用，这种作用可以通过投入—产出表来揭示。投入—产出表的两个重要指标：一个是影响力系数，反映国民经济中某一部门增加一单位最终产品对其他部门需求的波及程度；另一个是感应度系数，反映国民经济中各部门都增加一单位最终产品时某一部门的需求变化程度。下面用 2007 年四川省投入—产出表（四川省统计局 5 年编一次）并分别采用常用公式和刘启运公式（2002）①计算得出四川省装备制造业 27 个明细部门的关联数据。

从影响力系数来看，除通信设备制造业、电子计算机制造业和电子元器件制造业未达到国民经济各部门的平均水平外，其他 24 个部门均大于 1，表明装备制造业各部门对全省经济的推动效应比较明显，其中铁路运输设备制造业，农林牧渔专用机械制造业，电线、电缆、光缆及电工器材制造业，矿山、冶金、建筑专用设备制造业，汽车制造业排在前 5 位。从感应度系数来看，除金属制

① 刘启运：《关于投入产出系数结构分析方法的研究》，载《统计研究》，2002 (2)。

表 2　2007 年四川省装备制造业分部门影响力和感应度系数

序号	部门	影响力系数（常用）	影响力系数（刘启运）	感应度系数（常用）	感应度系数（刘启运）
1	金属制品业	1.163924	1.130727	0.452512	1.438915
2	锅炉及原动机制造业	1.200366	1.16613	0.46668	0.370501
3	金属加工机械制造业	1.1494	1.116618	0.446865	0.306722
4	起重运输设备制造业	1.186253	1.152419	0.461193	0.258761
5	泵、阀门、压缩机及类似机械的制造业	1.143843	1.111218	0.444704	0.390231
6	其他通用设备制造业	1.125855	1.093744	0.437711	0.620698
7	矿山、冶金、建筑专用设备制造业	1.236279	1.201018	0.480642	0.526511
8	化工、木材、非金属加工专用设备制造业	1.034382	1.004879	0.402148	0.256071
9	农林牧渔专用机械制造业	1.276127	1.23973	0.496134	0.249065
10	其他专用设备制造业	1.093371	1.062186	0.425082	0.552112
11	铁路运输设备制造业	1.2788	1.242327	0.497173	0.396213
12	汽车制造业	1.2303	1.19521	0.478317	0.919075
13	船舶及浮动装置制造业	1.156205	1.123228	0.449511	0.248488
14	其他交通运输设备制造业	1.213863	1.179242	0.471927	0.353754
15	电机制造业	1.118008	1.08612	0.43466	0.417772
16	输配电及控制设备制造业	1.181815	1.148108	0.459467	0.351611
17	电线、电缆、光缆及电工器材制造业	1.24909	1.213464	0.485623	0.474626
18	家用电力和非电力器具制造业	1.175933	1.142393	0.45718	0.258395
19	其他电气机械及器材制造业	1.182773	1.149039	0.45984	0.487577
20	通信设备制造业	0.999417	0.970912	0.388554	0.364727
21	雷达及广播设备制造业	1.146825	1.114116	0.445864	0.360875
22	电子计算机制造业	0.967588	0.939991	0.37618	0.588794
23	电子元器件制造业	0.96301	0.935544	0.3744	0.908697
24	家用视听设备制造业	1.20745	1.173012	0.469434	0.263057
25	其他电子设备制造业	1.125694	1.093587	0.437648	0.341669
26	仪器仪表制造业	1.092401	1.061244	0.424705	0.639912
27	文化、办公用机械制造业	1.05797	1.027795	0.411319	0.305003

品业外各明细部门均小于 1，表明经济各部门对装备制造业的拉动效应不强，同时也说明其他部门对装备制造业各部门的需求刺激不强。

三、结论

第一，装备制造业是四川省重点发展的“7+3”优势产业之一，其增加值在全省工业增加值和地区生产总值中的占比较高，且从2000年以来一直保持上升态势，对全省经济增长的贡献越来越大。目前，四川装备制造业年销售收入在全国排第10位左右，与江苏、山东、上海、广东等东部发达省市和辽宁等装备制造业传统强省相比后发优势明显，发展空间较大，应保持好快速发展的势头，进一步发挥其在工业强省战略中的支撑作用。

第二，装备制造业分部门对全省经济增长贡献的差异较大，且随着各部门自身发展速度不同，其在全省经济中的地位和作用也在不断变化，这既是由各部门的行业特点、发展基础、自身创新以及市场变化等决定的，又是转变发展方式和优化产业结构的结果。未来，四川装备制造业应继续壮大优势产业，加快传统产业调整和新兴产业发展，拓展延伸重点产品链，形成各部门竞相发展的格局，增强整体优势。

第三，装备制造业内部分部门对全省经济各部门的推动作用较大，而全省经济各部门对装备制造业分部门的拉动效应较小。因此，四川省在制订实施经济发展战略和产业发展规划时，应将装备制造业摆在主动地位，优先发展，充分发挥其工业经济“母机”作用，带动和促进其他产业和部门发展。

第四，装备制造业是战略性、基础性产业，对经济增长的影响稳定性强，在实施成渝经济区、天府新区和自贡、绵阳、乐山国家级开发区建设中，应加大对装备制造业的引进、培育和发展力度，增强四川省经济加快发展的产业支撑和发展后劲。

执笔：张春清　王　辉

新疆林果业生产加工中的问题亟待关注

中国人民银行乌鲁木齐中心支行调查统计处

近期，乌鲁木齐中心支行在新疆林果主产区阿克苏、喀什、和田、巴州和吐鲁番（以下简称五地州）开展林果生产加工情况调查，发放林果业农户调查问卷315份，林果加工企业调查问卷37份，问卷有效率为99%。调查显示：林果业对农民增收作用明显，林果加工企业经营良好。但种植成本上涨快、资金来源单一、多数农户林果生产未获得政府补贴、林果业保险和专业合作组织的参与率较低、农户技术和销售渠道缺乏等问题值得关注。

一、调查基本情况

本次调查采取重点调查与抽样调查相结合的方式，选取的五地州水果产量占到新疆水果总产量的近七成。农户问卷中汉族占32%，维吾尔族占67%，其他民族占1%；选取的企业主要是当地有代表性的林果加工企业，其中大型企业占3%，中型企业占81%，小型企业占14%，微型企业占3%。

二、新疆林果业对农民增收作用明显，林果加工企业经营良好

（一）农民林果业收入增长快，占比逐年提高

调查显示：2012年，五地州农户林果业收入平均增速为23.1%，比五地州农村居民家庭人均纯收入增速高5.5个百分点。五地州农民林果业纯收入占农民人均纯收入的31.5%，分别比2011年和2010年提高1.5个和3.8个百分点。其中，和田和喀什地区林果业纯收入占农民人均纯收入比重分别达到35.5%和40%。2012年，60%的被调查农户家庭纯收入比上年增加，23%的被调查农户家庭纯收入基本未变，17%的被调查农户家庭纯收入减少。

（二）林果产量快速增长，收购价格较高，林果种植效益较好

2012年，五地州林果总产量比上年增长20.0%，增速比上年提高11.0个百分点。其中，红枣、香梨和核桃产量分

别比上年增长 40.4%、48.0%和 27.2%。2012 年，在上年主要林果产品收购价格平均上涨 29.2%基础上，五地州核桃、葡萄收购价格分别上涨 25.9%和 22.5%。红枣价格在上年大幅上涨 49.4%后，2012 年高位企稳。只有苹果和香梨收购价格下降，但降幅仍低于上年涨幅。

调查显示：2012 年，69%的被调查农户林果种植实现盈利，17%的被调查农户林果种植实现保本，只有 11%的被调查农户出现亏损。受林果种植效益好的影响，林果业农民种植意愿高，44%的被调查农户打算扩大林果种植面积，30%的被调查农户不打算扩大种植面积，26%的被调查农户暂时不能确定。

（三）林果加工企业总体生产经营情况好

调查显示：59%的被调查企业认为当前总体生产经营状况较好，只有 5%的被调查企业认为当前生产经营状况较差，57%的被调查企业当前盈利比上年增加，22%的被调查企业当前盈利比上年减少。从生产要素供给和设备能力利用水平看，81%的被调查企业认为当前林果原料供应适中或充足，77%的被调查企业当前设备能力利用水平正常，设备能力利用不足的仅占 17%。

（四）市场需求较好，企业库存适中

调查显示：49%的被调查企业认为当前产品市场需求旺盛，8%的被调查企业认为当前产品市场需求疲软，73%的被调查企业当前库存适中，16%的被调查企业库存偏高。

三、当前新疆林果业生产和加工中存在的主要问题

（一）林果种植成本上涨快

调查显示：2011 年和 2012 年，五地州的苹果、香梨、核桃、红枣、杏和葡萄 6 种主要林果产品的种植成本年均上涨 10%以上。其中，核桃和香梨种植成本年均分别上涨 21%和 14%。74%的被调查农户认为 2012 年家庭生产投入比上年增加，仅 6%的被调查农户家庭生产投入比上年减少。

（二）农户资金需求增加，资金来源单一限制了农户资金需求的满足

2012 年，43%的被调查农户借贷资金数量比上年增加；95%的被调查农户借贷资金来源于农村信用社；46%的被调查农户希望农村信用社或银行能增加贷款金额。51%的被调查农户认为生产中最缺乏的是资金。

（三）多数农户林果生产未获得政府补贴，林果业保险和专业合作组织的参与率较低

73%的被调查农户的林果业生产未获得政府补贴，85%的被调查农户未参加林果业保险，75%的被调查农户认为不了解林果业保险是未参加林果业保险的主要原因，70%的被调查农户未参加林果业专业合作组织。

（四）农户技术和销售渠道缺乏

48%的被调查农户认为当前林果业生产中最缺乏的是技术，45%的被调查农户认为林果业生产中最缺乏的是销售

渠道。40%以上的农户认为销售渠道狭窄和缺少专业技术人员是制约新疆林果业发展的主要问题。

（五）缺少大型龙头加工企业，深加工产品少，产品附加值低

本次被调查的企业中，只有1家大型企业（占3%），81%的被调查企业为中型。目前，新疆果品业销售的主要是鲜果和少量果脯，深加工产品少，产品科技含量低。据了解，新疆果品总加工率是9.4%，低于发达国家水平（美国53.5%，日本51.5%），也低于全国平均水平（10%）。调查显示：73%的被调查企业以对林果初步加工为主（包装、分拣等简单处理），只有27%的被调查企业以生产高附加值产品为主。46%的被调查企业认为产品深加工程度低是制约新疆林果业发展的主要问题。70%的被调查企业没有出口业务。

（六）果农科学化种植和管理程度不高

41%的被调查企业认为林果业管理水平低是制约新疆林果业发展的主要问题。以喀什为例，喀什地区林果业农户基本采取传统的种植方式，缺乏科学化的种植和管理水平，产品标准化意识差，重造轻管现象比较普遍，部分果农为了单纯追求产量，采用环割、采摘期灌水，使用超标农药等涸泽而渔的管理方式，影响了果品质量。许多被调查企业反映，2012年收购的果品质量较往年有所下降。

（七）劳动力价格上升招工难、资金短缺和原材料价格上升是林果加工企业面临的主要问题

68%的被调查企业认为目前劳动力价格上升、招工难是企业面临的主要问题，59%的被调查企业认为资金短缺是当前企业面临的主要问题，49%的被调查企业认为原材料价格上升是当前企业面临的主要问题。

执笔：郭　海

中药材价格走势调查

中国人民银行樟树市中心支行
中国人民银行宜春市中心支行

樟树市是我国的"药都"，是全国中药材集散地之一。为准确掌握2012年以来中药材价格走势，了解价格变动原因及2013年中药材价格变化趋势，宜春市中心支行与樟树市中心支行依托樟树中药材专业市场开展了专项调查，调查显示：中药材价格整体下滑，但波动幅度趋缓；中药产业规模化程度提高，"两极分化"初步显现；政策调整和公众认知变化影响药材供需波动；中药材资源危机和成本上涨导致价格上涨压力增大；自然灾害导致受灾地域中药材产品价格持续上涨；囤积炒作助推中药材产品价格大幅波动。

一、调查样本及价格数据采集情况

此次调查，我们选择樟树市庆仁中药饮片有限公司作为调查样本企业，并通过樟树中药材专业市场内列为中药材价格监测点的10家商户获取价格数据。中药材价格监测点和调查样本企业分别提供了2012年3月、2012年12月和2013年3月共3期中药饮片产品的销售价格，部分中药材价格变化情况见表1。

二、中药材价格走势情况

据中药材价格监测点和调查样本企业提供的中药饮片产品销售价格分析，自2012年3月至今，绝大部分中药饮片产品价格变动受市场供求关系和季节因素影响正常波动，涨跌不一；部分中药饮片产品价格受炒作退温的影响，价格大幅下挫，如西藏西红花下降2000元/公斤，野生灵芝下降1500元/公斤等；部分中药产品价格大幅上涨，有游资炒作嫌疑，如冬虫夏草上涨30000元/公斤左右，海龙上涨4800元/公斤，全蝎上涨620元/公斤，三七上涨330元/公斤。据反映，2013年1月至今，中药材价格普遍有上涨现象，特别是西北品种涨幅较大，如当归由1月的52元/公斤上涨到69元/公斤，党参由119元/公斤上涨到140元/

表 1 部分中药材价格变化表 （单位：元/公斤）

时期 \ 药材品种	西藏西红花（带柄）	野生灵芝优等	冬虫夏草2800条	海龙优等	三七20头	全蝎统货	当归统货	党参统货	海马3~4g	金银花统货	太子参统货
2012年3月	10500	3700	152000	11000	870	730	36	125	4300	106	330
2012年12月	9500	2200	185000	11800	1100	1000	52	119	6200	82	230
2013年3月	8500	2200	185000	15800	1200	1350	69	140	6400	72	238

数据来源：樟树市中药材市场价格监测点。

公斤，三七价格也一直在上涨，20多头的三七已经涨到1200元/公斤，其他品种也有不同程度的上涨。

三、2013年中药材价格趋势展望

2013年国家新的中药材产业中长期规划有望出台，国家为进一步推动中医产业的可持续性发展，必将加快对中药材产业的现代化提升，改变现有生产流通模式，采取有效措施解决中药材市场为追逐高额利润掺假、造假现象严重的情况，满足民众食品、药品安全的需求。

预计2013年中药材产品价格将在上年平稳调整的基础上，逐步摆脱下行通道，有望转入价格上行通道。但是，前期涨幅过大的几种类中药材产品，在市场调节机制的引导下，可能因供求关系逆转出现暴跌；野生类名贵中药材因资源的持续枯竭将继续保持高位运行；2013年股市、楼市的不确定性因素依然存在，部分品种因资金助推囤积炒作或者偶发自然灾害因素的影响，仍有可能出现暴涨的情况。

执笔：吴柏涛 胡 涛

2013 年黑龙江省农业生产资金供需情况调查

中国人民银行哈尔滨中心支行调查统计处

为及时、准确地了解现代化农业生产资金供求状况，提高支持农业生产金融服务水平，哈尔滨中心支行对黑龙江省粮食产区 266 户农户进行了调查。调查显示：在当前现代大农业背景下，春耕生产资金呈现规模化、多样化等新特点，农村金融组织需采取措施，以适应融资需求变化，更好地服务“三农”。

一、2013 年农业生产资金需求的新特点

（一）农作物播种面积增多加大了农业生产资金需求

据黑龙江省农委预计，2013 年全省粮食面积将达到 2 亿亩以上，其中，玉米和水稻分别达到 1 亿亩和 5800 万亩。据推算，2013 年黑龙江省备春耕生产资金总需求为 1240 亿元，同比增长 13%。

（二）种植结构调整使资金需求增加

据调查，在黑龙江省主要种植的三大粮食作物中，水稻投入资金量最大，每亩成本比玉米和大豆高 60%左右。近年来由于水稻价格受国储粮托市影响，农民对其种植积极性不断提高，预计 2013 年全省水稻种植面积比上年增加 500 万亩，旱改水直接导致资金需求量大增。如佳木斯市 2013 年旱改水面积达 120 多万亩，相应多支出 2 亿元。

（三）种植成本提高增加了资金需求总量

调查显示：2013 年粮食主产区亩均成本将达到 842.6 元，同比增长 11.7%。一是农业生产资料价格上涨，近三年累计上涨 26.4%。二是土地费用上涨。在被调查农民种植的耕地中，50.5%是承租的流转地。由于农民种植积极性较高，导致耕地紧张，土地流转价格不断上涨。2013 年水田租金同比上涨 9%，旱田上涨 15.2%。三是人工成本增加。调查显示：2012 年，春耕雇工成本约为每人每天 135 元，2013 年将达到 150 元左右。

（四）规模化种植加大了现代化大农业生产资金需求

随着小型农业机械向更大马力农业机械升级，以及农机具专业化合作组织的发展，农业机械化资金需求持续增长。与此同时，由于一些种植大户扩大种植规模，大额贷款需求增加。如大棚蔬菜、承包土地等，少则 1 万元至 2 万元，多者 3 万元至 10 万元，个别农户达到 20 万元，资金需求总量较大。

二、农业生产融资出现新变化

（一）资金来源渠道逐步拓宽

一方面，国家惠农补贴力度逐年加大。据调查，2012 年 266 户农户获得农业减免税及政府相关补贴 69 万元，同比增长 18.6%，预计 2013 年达到 78.9 万元，同比增长 14.2%。另一方面，农民及涉农企业自筹增加。预计 2013 年农户自筹资金将达到 350 亿元，占资金需求总量的 28.2%。

（二）农民向金融机构融资意愿仍然较强

截至 2012 年末，全省本外币涉农贷款 3769.9 亿元，新增 464.0 亿元，占全省新增贷款的 24.3%。2013 年，贷款增量还将进一步扩大。据对 266 户农户的调查显示，有 64.4%的农民在资金紧张时选择的融资手段是“向金融机构融资”。2012 年 85.3%的农户向农村信用社申请了贷款，且贷款满足率达到 87.7%。

（三）农民贷款品种呈现多样化

随着黑龙江省农村土地规模化、集约化程度日益增高，农业机械化水平突飞猛进，传统农业生产方式已经向现代农业迈进。贷款用途不仅表现在单纯的种植业贷款，同时还表现在“绿色农业”、“特色农业”、“订单农业”贷款、购置大中型农机具贷款、农业配套设施贷款等。

（四）农贷的季节性特征明显弱化

随着农业生产领域的拓宽，特别是粮食加工业、运销业的发展，长期以来以种植业为基础形成的“春借秋还冬不贷”农业贷款模式正在悄然发生改变，资金使用的季节性特征减弱，甚至出现反周期现象。从 2012 年 12 月至 2013 年 2 月，很多农民提出了贷款申请。2013 年前两个月黑龙江省新增农林牧业贷款 61.9 亿元，占全省新增贷款的 15.6%。

（五）农民资金互助社和民间借贷成为农村金融服务的重要补充

黑龙江省自 2008 年以来成立了各种类型的资金互助社，其中包括 6 家经银监部门审批的正规型互助社、90 家由国家财政扶贫试点发起的扶贫型互助社以及存在于专业合作社内部的数千家内生型互助社等，其贷款发放普遍具有“小、快、活、省”的特点，资金使用效率高。此外，因手续简便、办理快捷等优势，民间借贷在农村仍有一定市场。据调查，在资金紧张时，分别有 5.4%和 3.7%的农户选择在资金互助社融资和民间借贷。

三、金融支持春耕生产存在的问题

（一）涉农机构信贷投放能力不足

从调查情况看，虽然其他金融机构也陆续进入农村市场，但是农村信用社在支农服务中继续发挥着主力军的作用。目前农村信用社发放的农户贷款占全部金融机构的2/3左右，但由于自有资金和国家宏观调控等因素的影响，农村信用社贷存比远远高于其他金融机构，使其支农力量非常有限，仍然存在着农村信用社“一农难支三农”的现象。

（二）涉农信贷产品定价不尽合理

目前黑龙江省几家涉农金融机构的贷款利率均在基准利率基础上实行上浮，以6个月至1年期贷款为例：农业银行上浮70%，农村信用社利率上浮90%，邮政储蓄银行上浮1.1倍。尽管各机构利率上浮幅度未超过国家规定的2.3倍，但已达到民间的“一分利”水平。

（三）涉农金融机构的服务水平有待提高

一是涉农金融机构的规模不足。调查显示，分别有29.7%和28.2%的农户认为本地金融机构数量偏少和本地金融机构的服务（产品）种类过于单一。二是金融机构授信额度有限。目前农户承包一垧水田需9000元，旱田5000元，同时还要购买大型农机具，小额农贷供给与现代农业资金需求之间的矛盾较为突出。三是贷款期限控制过紧。农村特色养殖等开发项目见效期一般需要2~3年，甚至更长，1年期以内的小额农贷与生产周期相脱节。四是审贷时间过长。33.2%的农户认为银行贷款手续烦琐。

（四）涉农贷款风险仍然较大

一是制度性风险。由于农村担保抵押体系建设不完善，黑龙江省尚没有专门的农村房屋交易市场，林权、农户宅基地等抵押物流转处置难。二是信用风险。2013年黑龙江省农村信用社将联保贷款担保人由5~10户降低为2户联保，方便了农户贷款的同时，也加大了风险控制的难度。三是政策性风险。由于我国农业保险制度不完善，保费收取与农民支付能力不相协调，影响了金融机构放贷的积极性。

执笔：王玉凯　苏均翔　孙丽颖

对宁夏两类农地抵押贷款创新模式的比较分析

中国人民银行银川中心支行调查统计处

近年来，宁夏金融部门配合当地政府因地制宜在具有市场基础或政策优势的地区开展“农村土地产权抵押融资”试点，宁夏涌现出同心县“土地承包经营权反担保贷款”和平罗县“土地承包经营权抵押贷款”两种较为成熟的土地产权抵押融资模式。

一、两种土地产权抵押融资模式特点

同心县“土地承包经营权反担保贷款”模式。为走出农村金融“贷款难”与“难贷款”的两难困境，2010年以来，人民银行结合同心县经济金融发展实际，积极助推该县开展农村土地承包经营权反担保贷款试点，主要模式是以村为单位成立农村土地承包经营流转合作社；农户用土地承包经营权入股加入合作社；合作社为农户贷款进行担保，农户以土地承包经营权向合作社进行反担保；农户归还贷款困难时，合作社代其偿还，并在合作社范围内流转其土地承包经营权，当流转收入达到贷款额时，合作社收回土地承包经营权，并将土地承包经营权依然作为贷款农户的股份。截至2012年9月末，同心县土地承包经营权反担保贷款余额达1.61亿元，累计发放贷款5.6亿元，惠及农户9185户，涉及土地6.9万亩，覆盖该县黄河灌区全部行政村，未产生一笔不良贷款。

平罗县“土地承包经营权抵押贷款”模式。平罗县位于宁夏平原北部，耕地面积广大，属全国重要的商品粮基地县，城镇化和农业产业化程度较高，具有农民收入来源多元化、土地产权交易有市场基础、土地流转后形成的规模经营对融资提出更高要求等特点。2011年，平罗县获批成为全国唯一的农村土地产权制度改革试验区，2012年开始全面推进农村各项产权的确权、登记和颁证工作，并积极推动农村产权流转，搭建了集土地流转、产权评估、贷款担保、农村社会保障等功能为一体的农村土地经营管理制度改革服务中心，建立统一的流转登记制度，设立土地收储基金。目前，平罗县共完成集体土地确权93.8万亩，占全县农村集体土地面积的89.3%，土地承包经营权抵押贷款正式启动，共有包括流转大户、一般农户、特困农户三类的60位农户获得了试点金融机构3万元至300万元的授信，金融机构在启动仪式现场与10名农户签约贷款453万元，涉及土地7295亩。

二、两种土地产权抵押融资模式对比分析

同心县和平罗县的土地产权抵押融资，均在推动农村土地资源转化为现代农业发展资本、拓宽“三农”领域融资担保物范围取得了实质性突破。在两地实践中，人民银行充分发挥了制度设计者、政策协调者和创新引领者的作用，制定了土地产权抵押融资实施方案和相关管理办法，推动地方政府建立完善支持土地产权抵押融资的配套政策体系，两地均明确了土地产权抵押登记制度，规范了价值评估办法，建立了流转平台；组织金融机构积极介入土地经营管理制度改革，两地试点金融机构均制定了贷款管理办法和实施细则，开发出适合本地特点的土地产权抵押贷款信贷产品。由于经济发展水平、资金需求特征等不同，两种模式呈现出以下差异。

（一）创新轨迹不同：市场自发与政府推进

“同心模式”最初是为缓解当地农村金融供需矛盾，农村信用社与农户自发开展的小范围信贷产品创新，后由人民银行加以规范，制定出《农村土地承包经营权反担保贷款管理办法》经吴忠市政府印发全市执行，引导农村信用社有序推广。政府逐步介入，搭建了更加规范的流转平台，土地承包经营权反担保贷款得以全面推开。“平罗模式”则主要得益于政策机遇和政府推动，在全面开展土地确权颁证的基础上，一系列支持土地产权抵押融资的政策措施陆续出台，政策的力度、可操作性、全面性均在同心模式之上，人民银行确定了试点金融机构，及时对已确权颁证主体提供支持。在不同的创新驱动力作用下，同心县融资供需双方对于该信贷产品的认识较为深刻，农户利用土地筹措资金的愿望更加强烈，而处于试点初期的平罗县仍需加强对相关政策的宣传和引导。

（二）支持重点不同：小规模分散经营与大规模集约经营

同心县干旱少雨，土地贫瘠，不适宜大规模农业开发，农户经济条件普遍较差，经营模式以单户农业种养殖为主。在这种土壤中产生的“同心模式”即依托以村为单位的土地承包经营权流转合作社，以满足农户小额贷款需求为主导，试点以来最大单户贷款额为5万元，绝大多数是1万~3万元的小额农户贷款。平罗县农业基础雄厚，曾在宁夏首创以“土地信用合作社”模式从事土地流转和

规模经营，中粮、汇源、雨润等大型企业的入驻更加筑牢了农业产业化、规模化发展趋势。因此，“平罗模式”的制度设计是鼓励规模经营，初步确定了家庭农场、企业经营和股份合作三类抵押贷款主体，首批签约贷款中，最大单户贷款额达300万元，占全部贷款额的66.2%。

（三）担保方式不同：土地产权间接融资与直接融资

“同心模式”中的土地承包经营权流转合作社是一个以土地承包经营权为对象的互助性经济组织，既成为农户与金融机构间的中介平台，发挥贷款担保作用，又规范了农户土地流转行为。农户的土地承包经营权作为一种反担保，间接实现其融资价值。“平罗模式”之所以投入大量精力对农村土地进行确权颁证，建立全套制度支持，主要目的就在于实现农村产权直接抵押融资。在试点初期，平罗“农村土地经营管理制度改革服务中心”也承担着为土地产权抵押贷款提供担保的职能，试点金融机构要求以土地承包经营权做抵押之外，还需提供其他辅助担保以实现信用增级。随着改革深化、抵押物交易市场逐步完善，“平罗模式”将实现农村土地产权直接抵押融资。

（四）处理法律问题态度不同：规避与突破

《物权法》、《担保法》、《农村土地承包法》及《最高法关于审理涉及农村土地承包纠纷案件适用法律问题的解释》等法律法规明确禁止了宅基地使用权、土地承包经营权的抵押。“同心模式”绕开了土地承包经营权直接抵押，而以土地承包经营权入股——反担保的形式，赋予合作社流转土地的权利。“平罗模式”一系列贷款管理办法的核心是直接以集体建设用地使用权、宅基地使用权、农村土地承包经营权作为农村产权的载体设定抵押，体现了平罗县对国家赋予的在农村土地制度改革中先行先试权的利用，对现行法规的有关规定有所突破。

（五）风险分担机制不同：体内分担与体外分担

该风险主要包括银行信贷风险与农民失地风险。“同心模式”中，土地承包经营权流转合作社作为担保中介承担着贷款违约风险，将银行的损失风险降至最低。而农户一旦产生贷款违约，合作社只采取转包和出租形式流转土地，当流转收入达到其偿还贷款收入或农户提前归还欠款后，即收回土地承包经营权，保证了农户不会失地，失去的只是一段时间的使用权。“平罗模式”中，政府通过逐年拨付资金，建立了1000万元的风险防范基金，对产权抵押贷款资金本息的实际损失，由风险防范基金与金融机构按80%和20%的比例承担，同时建立抵押物收储兜底机制、农民自愿退出土地承包经营权补偿机制以及再次获得土地承包经营权保障机制等，以确保金融机构债权得以实现，也考虑了农户失去土地承包经营权后的各种可能性。

当前金融支持农业新型生产经营组织的特点

中国人民银行鄂州市中心支行

近年来，随着农业结构调整的加快，以农民专业合作社、家庭农场为代表的农业新型经营组织得到了快速发展。为了解当前农业新型经营组织发展现状，我们选取湖北省鄂州市辖内三个行政区的20家农民专业合作社、10户家庭农场进行了专题调查。调查表明，当前农业新型生产经营组织呈现如下特点。

一、组织规模逐步扩大

至2012年末，全市农民专业合作社368家，比上年新增179家，增长94.7%，注册资本达36438万元。其中，省级以上示范社7家，地市州级示范社15家。带动成员户数在1000户以上的有25家，500~1000户的117家，100~500户的130家，100户以下的96家。家庭农场480家，比上年新增72家，增长17.65%。土地承包经营权流转面积达到23.06万亩，居全省前列。农业新型经营组织经营服务范围涵盖农林牧渔和农产品运销等多个领域，初步形成了种养加产供销、农工贸一条龙的产业格局，推动鄂州农村经济发展方式的转变，成为农村经济发展、农民增收致富的新亮点。

二、组建方式灵活多样

从组织模式来看，农业新型经营组织主要有四种类型：一是龙头企业领办型。即以农业产业化龙头企业为依托，实行“公司+新型组织+农户”经营模式。如梁子湖鱼珠协会以发展红尾鱼和珍珠生产加工为重点，形成了集供种、养殖、加工、运输销售和基地建设为一体的产业化经营方式。二是农民专业大户和能人创办。如燕矶镇池苑葡萄专业合作社由9户种植葡萄专业户联合创办，使葡萄品种由7种增加到12种，产量由5万多公斤提高到10多万公斤。三是由乡镇村集体经济组织或乡镇村干部领办，主要为发展当地特色主导产业，有效解决农民缺乏资金、技术、人才和经营经验而组建。如华容区四海湖名特优水产协会依托水产经营大户，根据市场需求变化，灵活开展专业化生产。四是由农技部门牵头，通过引进名特优新品种，发展特色养殖，向农民提供养殖技术信息和市场销售服务。如华容区绿壳蛋鸡养殖协会，从选种、喂养、鸡舍管理、防病防疫、销售等对会员进行全程培训，会员由原来48人发展到190人。

三、合作水平梯次推进

从合作内容看，已由单纯技术服务向原料供应、产品加工、储藏、销售等综合服务转变；由最初的种养殖业向涵盖农林牧渔多业转变，服务领域不断拓宽。从合作空间看，已由过去的血缘、亲缘、地缘内农户之间的合作联合逐步向跨社区、跨所有制的合作与联合方面拓展，服务范围不断扩大。从合作程度看，农民与新型经营组织的关系由最初会费向农民投资入股、合作兴办经济实体转变；由合作松散型向合作紧密型转变，少数新型经营组织已发展成为农民“利益共享，风险共担”的经济利益共同体。

四、区域特色初步呈现

农业新型经营组织围绕当地农业结构特点和产业特色开展经营活动，区域化特色明显，已初步形成了以市场为导向、特色主导产业为依托、农业龙头企业为纽带、农民专业合作社为载体、专业产销大户为核心、广大农民为基础，贸工农一体化的农业产业化格局。

五、信贷支持稳步增长

涉农金融机构紧密结合市场需求，加强和改进对农业新型经营组织的金融服务，在贷款方式上采取“宜社则社、宜企则企、宜户则户”的信贷原则，针对不同经营组织的发展特点，在传统小额信用贷款和抵押贷款信贷模式基础上，积极探索社员（农户）联保贷款、“公司+新型组织+农户”贷款以及林权、水域经营权抵押贷款等多种信贷支持模式，努力做好农业新型经营组织的信贷支持工作。据统计，截至2012年末，鄂州市涉农金融机构对农业新型经营组织贷款4.05亿元，占涉农贷款总额的8.14%。其中，农业产业化龙头企业贷款3.2亿元，占农村企业及各类组织贷款的41.75%，对新型组织成员贷款0.85亿元，占农户贷款的6.93%。

执笔：张旅萍

关于主要农产品成本及价格走势的调查与分析

中国人民银行济南分行调查统计处

2013年以来，农产品价格持续上涨，2月上涨幅度较大。为全面把握当前粮食价格上涨的原因，我们选择以小麦、玉米、花生和棉花为代表的农产品进行了案例剖析，对每种农产品各个环节的成本进行逐项分解，以期找到农产品涨价的主要因素。

调查主要结论：（1）近年来，受农业生产费、农村劳动力成本、土地费用上涨等因素影响，农产品种植成本不断提高，而且这种成本推动型的价格上涨是刚性的，具有不可逆性，长期看农产品价格将继续呈现上涨趋势。（2）粮食种植成本普遍上涨，而且涨幅明显超过粮食等农产品价格，在很大程度上削弱了政府补贴效果，农民种地收益明显偏低。（3）部分农产品国内外价格差距较大，尤其是棉花国内外价差呈不断扩大趋势，较高的用棉成本已严重削弱了棉纺织企业在国际市场的竞争力。

一、主要农产品成本收益案例分析

（一）玉米成本收益剖析

对菏泽、济宁的典型调查显示，玉米种植成本逐年上升。2012年当地玉米生产总成本约为814元/亩，比2011年增加70元/亩，增长9.4%，按亩产1200斤计算，每斤玉米种植成本为0.68元，较2011年增加0.06元/斤。

从成本构成看，一是物质投入成本增加。2012年种植每亩玉米所需的种子、农药、化肥成本平均约295元，较2011年增加11元，上涨3.9%。二是农机支出费用上升。2012年每亩玉米耕地、播种、浇水、收割、运输费用平均为279元，较2011年增加19元，增长7.3%。三是劳动力成本平均每亩为240元，较2011年增加40元，增长20%。

收益计算：2012年玉米收购价为1.08元/斤，较2011年提高0.03元/斤；

表 1　普通农户玉米亩产成本收益调查表

		2012 年	2011 年	同比增长（%）
成本合计（元）		814	744	9.4
物质投入	种子	55	52	5.8
	农药	80	76	5.3
	化肥	160	156	2.6
	小计	295	284	3.9
农机支出	耕地	80	75	6.7
	播种	32	30	6.7
	浇水	45	40	12.5
	收割	80	75	6.7
	运输	42	40	5.0
	小计	279	260	7.3
劳动投入	人工费	240	200	20.0
收入合计（元）		1306	1270	2.8
每亩补贴收入（元）		10	10	0.0
亩产收入（元）		1296	1260	2.9
每亩净收入（元）		492	526	–6.5

亩产 1200 斤，与上年基本持平。2012 年每亩总收入 1296 元，同比增长 2.9%，考虑每亩补贴 10 元，扣除各项成本，每亩净收益 492 元，较 2011 年减少 34 元，同比下降 6.5%。

（二）小麦成本收益剖析

对淄博、枣庄、威海的典型调查显示，小麦种植成本明显上升。2012 年当地小麦生产总成本约为 789 元/亩，比 2011 年增加 84 元/亩，增长 11.9%；按 2012 年亩产 800 斤计算，每斤小麦种植成本为 0.99 元，较 2011 年增加 0.1 元/斤（2011 年小麦亩产 790 斤）。

从成本构成看，一是物质投入成本增加。2012 年种植每亩小麦所需的种子、农药、化肥成本平均约为 283 元，较 2011 年增加 22 元，上涨 8.4%。二是农机支出费用上升。农机在小麦种植整个过程中一般使用三次，即机耕、机播、收割。受成品油价格上涨以及用工成本上升影响，农机支出费用上涨较多。2012 年每亩小麦农机支出费用为 226 元，较 2011 年增加 22 元，增长 10.8%。三是劳动力成本平均每亩为 280 元，较 2011 年增加 40 元，增长 16.7%。

收益计算：2012 年小麦收购价为 1.08 元/斤，较 2011 年提高 0.06 元/斤；亩产 800 斤，较 2011 年多 10 斤；2012 年每亩总收入为 864 元，同比增长 7.2%。考虑 2012 年每亩补贴 120 元，扣除各项成本，每亩净收益 195 元，较 2011 年减少 4.3 元，同比下降 2.1%。

表 2　普通农户小麦亩产成本收益调查表

		2012 年	2011 年	同比增长（%）
成本合计（元）		789	705	11.9
物质投入	种子	30	28	7.1
	农药	25	23	8.7
	化肥	228	210	8.6
	小计	283	261	8.4
农机支出	耕地	60	55	9.1
	播种	26	24	8.3
	浇水	55	50	10.0
	收割	60	55	9.1
	运输	25	20	25.0
	小计	226	204	10.8
劳动投入	人工费	280	240	16.7
收入合计（元）		984	904.25	8.8
每亩补贴收入（元）		120	98.45	21.9
亩产收入（元）		864	805.8	7.2
每亩净收入（元）		195	199.25	-2.1

（三）棉花成本收益剖析

对德州、滨州的典型调查显示，棉花生产成本逐年上升。2012 年当地棉花生产总成本约为 1315 元/亩，比 2011 年增加 172 元/亩，同比增长 15%。按 2012 年亩产 460 斤计算，每斤棉花种植成本为 2.86 元，较 2011 年增加 0.43 元/斤（2011 年亩产 470 斤）。

从成本构成看，一是物质投入成本增加。2012 年种植每亩棉花所需的种子、农药、化肥、地膜成本平均约为 420 元，较 2011 年增加 37 元，上涨 9.7%。二是农机支出费用上升。2012 年每亩棉花的耕地、浇水和运输成本为 125 元，较 2011 年增加 25 元，上涨 25%。三是劳动力成本平均每亩为 320 元，较 2011 年增加 60 元，增长 23.1%。棉花生长周期长、环节多，尤其是采摘季节，由于无法实施机械作业，需手工采摘，因而用工成本较大。

收益计算：2012 年棉花收购价为 4 元/斤，较 2011 年上升 0.2 元/斤，亩产 460 斤，由于天气原因，较 2011 年每亩减产 10 斤，则 2012 年每亩棉花收入 1840 元，同比增长 3%，再扣除各项成本，则每亩净收益 540 元，较 2011 年减少 118 元，同比下降 17.9%。

（四）花生成本收益剖析

对烟台、潍坊的典型调查显示，花生种植成本也呈上升趋势。2012 年当地

表 3 普通农户棉花亩产成本收益调查表

		2012 年	2011 年	同比增长（%）
成本合计（元）		1315	1143	15.0
物质投入	种子	45	45	0.0
	农药	80	70	14.3
	薄膜	25	23	8.7
	化肥	270	245	10.2
	小计	420	383	9.7
农机支出	耕地	60	50	20.0
	播种	20	15	33.3
	浇水	25	20	25.0
	运输	20	15	33.3
	小计	125	100	25.0
劳动投入	拾棉花	320	260	23.1
租地费用（元）		450	400	12.5
收入合计（元）		1855	1801	3.0
每亩补贴收入（元）		15	15	0.0
亩产收入（元）		1840	1786	3.0
每亩净收益（元）		540	658	–17.9

花生生产总成本约为 856 元/亩，比 2011 年增加 100 元/亩，同比增长 13.2%。按 2012 年亩产 500 斤计算，每斤花生种植成本为 1.71 元，较 2011 年增加 0.07 元/斤（2011 年亩产 460 斤）。

从成本构成看，一是物质投入成本增加。2012 年种植每亩花生所需的种子、农药、化肥、地膜成本平均约为 456 元，较 2011 年增加 50 元，上涨 12.3%。二是农机支出费用上升。2012 年每亩花生的耕地、浇水和运输成本为 170 元，较 2011 年增加 20 元，上涨 13.3%。三是劳动力成本平均每亩为 230 元，较 2011 年增加 30 元，增长 15%。

收益计算：2012 年花生收购价为 3.6 元/斤，较 2011 年下降 0.8 元/斤，主要是 2011 年花生收获前后雨水偏多，造成花生在成熟期出现落果、生芽、霉变等现象，导致当年花生上市量大幅减少，拉动价格快速上升，2011 年收购价达到 4 元/斤。2012 年花生亩产 500 斤，较 2011 年增加 40 斤，则 2012 年每亩花生收入 1800 元，同比下降 2.2%。再扣除各项成本，则每亩净收益 944 元，较 2011 年减少 140 元，同比下降 12.9%。

表 4 普通农户花生亩产成本收益调查表

		2012 年	2011 年	同比增长（%）
成本合计（元）		856	756	13.2
物质投入	种子	170	150	13.3
	农药	50	46	8.7
	地膜	36	30	20.0
	化肥	200	180	11.1
	小计	456	406	12.3
农机支出	耕地	100	90	11.1
	浇水	25	20	25.0
	运输	45	40	12.5
	小计	170	150	13.3
劳动投入	人工费	230	200	15.0
收入合计（元）		1800	1840	–2.2
亩产收入（元）		1800	1840	–2.2
每亩净收益（元）		944	1084	–12.9

二、主要调查结论

（一）近年来，受农业生产费、农村劳动力成本、土地费用上涨等因素影响，农产品种植成本不断提高，而且这种成本推动型的价格上涨是刚性的，具有不可逆性，长期看农产品价格将继续呈现上涨趋势

一是农业生产费用上涨趋势难以逆转。近年来，化肥、农药、种子等农资产品成本及农机支出费用逐年攀升。目前正值春耕备播之际，受农业需求刺激，农资产品价格已呈现继续上涨趋势。其中碳酸氢铵均价为 800 元/吨，同比上涨 11%，尿素价格涨至 2180 元/吨，同比上涨 2%，复合肥均价为 3300 元/吨，同比上涨 3%；农药草甘膦均价为 31000 元/吨，同比上涨 29.2%；地膜价格为 12000 元/吨，同比上涨 16%。近期，铁道部将每吨每公里的铁路平均运价提高了 1.5 分，涨幅达到 13%；发展改革委分别上调汽油和柴油批发价 300 元/吨和 290 元/吨，运费、油价的上调将进一步抬高农产品价格。从中长期看，由于农资产品的主要生产原料如天然气、煤、石油等都是不可再生资源，储量有限，同时，随着种养技术和机械化水平的提高，农资消费量仍然在不断增加，供求两方面共同作用，必然拉动未来农资产品价格的上涨。

二是农村劳动力成本上升趋势难以逆转。随着城市化进程的加快，农村劳动力的大量转移，造成农村劳动力严重缺乏，近年来，农村劳动力价格逐年攀升，特别是农忙季节劳动力雇工成本明显增长，而且实施新《劳动合同法》，保护农民工的合法利益，农民工工资明显上涨，这对农村雇工费用上涨起到推波助澜的作用。调查显示，2012年，每亩玉米、小麦、棉花和花生的劳动力成本分别为240元、280元、320元和230元，分别较2011年上升20%、16.7%、23.1%和15%。特别是棉花种植中的劳动力成本上升较快，主要是棉花生长周期长、环节多，机械化作业率低，用工多且作业环境艰苦，尤其是收获季节，需要大量劳动力进行手工采摘，因此劳动力成本上升较多。据调查，2011年德州地区棉花收获时，雇人拾棉花的平均费用为0.48元/斤，2012年上涨至0.6元/斤，涨幅达到25%，预计2013年雇人拾棉花费用将达到0.8元/斤。受人口年龄结构变化影响，我国劳动力供给日益短缺，近年来多地出现“用工荒”现象，全国各地也屡次上调最低工资标准。从济南分行404户工业企业监测数据看，2008年以来，劳动力成本年均增长15%。2012年，我国15~59岁的劳动人口自20世纪70年代以来首次减少，减少了350万人。伴随“刘易斯拐点”的临近，我国廉价劳动力时代一去不复返。

三是土地承包费用上涨趋势难以逆转。目前，我国正处于工业化和城镇化的快速起飞阶段，工业化水平的快速递增和城镇化规模的急剧扩张已导致土地要素流出粮食生产领域，工业化、城镇化与粮食生产相互争地的矛盾日渐突出。据统计，城市化水平每增长一个百分点，城市建成区面积将扩大158万亩，耕地则减少615万亩。在耕地面积不断减少的情况下，土地承包费用也呈现不断上涨的趋势。以棉花为例，据调查，山东德州地区棉花的租地平均费用由2011年的400元/亩上涨到2012年的450元/亩，涨幅达到12.5%；2012年，菏泽地区玉米包地费为125元/亩，较2011年增加10元/亩，上升8.7%。“十二五”期间，我国城镇化率将由47.5%上升至51.5%。

（二）粮食种植成本普遍上涨，而且涨幅明显超过粮食等农产品价格，在很大程度上削弱了政府补贴效果，农民种地收益明显偏低

近年来，国家对“三农”的支持力度不断加大，税费减免、提高最低收购保护价和种粮补贴标准等一系列惠农政策对促进农民增收起到了重要作用。以小麦种植为例，2012年收购价格平均在1.08元/斤左右，同比上涨了5.9%；目前每亩财政补贴120元左右，相当于补贴之前小麦亩产净收入的1.6倍。但需要关注的是，在粮食价格上涨的同时，农药、化肥、地膜等农资价格及耕地、浇水、运输等农机支出的较快上涨在很大程度上抵消了农民增收效果。调查显示，目前玉米、小麦、棉花和花生从种植、施肥到收割、运输等各环节成本均有不同程度上涨，总成本涨幅分别为9.4%、11.9%、15%和13.2%，分别超过收入增幅6.6个、3.1个、12个和15.4个百分点。考虑国家补贴因素后，玉米、小麦、棉花和花生的亩产净收益分别为492元、195元、540元和944元，同比分别下降6.5%、2.1%、17.9%和12.9%。如果对比外出务工的工资性收入和日益增加的生活支出，当前农民种粮的比较收益明显偏低，这也是市场预期农产品价格继续上涨的一个现实基础。

（三）部分农产品国内外价格差距较大，尤其是棉花国内外价差呈不断扩大趋势，较高的用棉成本已严重削弱了棉纺织企业的国际竞争力

以花生为例，目前美国、非洲等地花生价格明显低于国内花生价格，而且出油率高于国内花生。以美国花生米为例，每吨约10300元，比国内花生米每吨约低1000元，出油率约48%，比国内花生高3~5个百分点。再以棉花为例，自2011年9月以来，国际市场棉花价格与国内市场棉花价格距离不断拉大，差价由1000多元/吨一路上扬。目前国内三级标准皮棉收购价为20400元/吨，美国棉价在增加1%关税和增值税后的价格约13830元/吨，国内外棉花每吨差价达到6570元。支撑当前国内高棉价的决定性因素是棉花收储政策。为扭转2011年11月后棉价从30000元/吨掉头直下的快速下滑态势，我国2011年度开始建立并实行棉花临时收储制度。2011年临时收储价为三级标准级皮棉到库价格19800元/吨，2012年收储价提高600元至20400元/吨。据滨州亚光毛巾反映，虽然国外棉花便宜且棉质好，但进口棉花需获得进口配额，目前国家按照国储棉同进口棉按3:1搭配进行。在国际低价棉的诱惑下，棉花进口配额成为各企业争夺的焦点。但目前因国内棉花库存过高，国家减少了棉花配额的发放，该企业2013年第一批配额6000多吨，仅为2012年第一批配额的1/4。棉花进口配额和国家收储制度虽然保护了国内棉花产业，但却造成了国内外棉花价格的巨大差异，影响了整个棉花产业链下游，严重削弱了国内棉纺企业的国际竞争力，同时造成了国内棉纺企业间的不公平竞争。棉花约占纺织企业成本的70%，棉花价格在某种程度上决定了纺织企业的生死。与印度、巴基斯坦、越南等新兴市场国家相比，较大的用棉成本差异已严重削弱了棉纺织企业在国际市场的竞争力。

三、政策建议

货币政策具有中长期性，作用的着力点是总需求，对成本推动型为主的农产品价格影响效果有限，因此，需要依靠集约化实现规模经营，提高农产品生产效率，增加农产品的供给，同时，完善农业补贴制度，扩大农产品进口规模，提高进口替代效用，通过进口平抑国内农产品价格。

执笔：高晓辉

江西省粮食生产及市场供需情况调查报告

中国人民银行南昌中心支行调查统计处

江西是全国13个产粮大省之一，长期以来坚持稳定发展粮食生产，以约占全国1.8%的耕地，生产了占全国3.6%的粮食。了解江西粮食生产情况，可以对判断2013年全国粮食市场供需情况及价格走势提供重要依据。为此，我们于近期在江西省范围内开展粮食生产情况调查。[①]结果显示：

（1）2012年粮食亩均成本为693元，其中人工费用占粮食生产成本的37.13%，居于粮食生产成本首位；亩产收入为968元（不含粮食直补），亩产利润为275元（不含粮食直补）。（2）预计2013年亩均成本为752元，涨幅为8.62%。其中，种子、农药成本上涨幅度超过10%，分别为12.50%和11.36%，水电费、农用机械、人工、化肥等成本涨幅预计在10%以下。（3）62.37%农户认为近几年种粮收入增加。92.23%的农户2013年会保持或增加种粮面积；75%的农户认为2013粮食亩产会增加或不变。（4）种粮比较效益低下、农业基础条件薄弱、政策激励效应递减是当前制约农民种粮积极性的三大因素。

依据对调查结果的分析判断，我们认为：在粮食产需关系偏紧的影响下，2013年国际粮价总体将呈高位运行态势；国内粮价格上涨动力犹在，涨幅将会保持平稳。

一、“五问”粮食生产

（一）农村空心化，目前谁在种粮

随着工业化、城镇化的快速推进，农村劳动力明显转移。调查显示，农业劳动力用工紧张，并呈现老龄化趋势。被调查者从事农业生产的人口比例占全部样本人口的55%。而目前新生代农民工在思想、技能、生活习惯等方面都发生了巨大变化，离农意识强烈，致使从

① 调查样本来自全省11个地市的760户农户，调查主要以座谈、问卷等形式开展。

事农业生产的青壮年劳动力人口日益减少，劳动力素质呈结构性下降趋势。

（二）农业机械化，种粮成本何在

近几年来，我国劳动力价格不断上扬，导致了人工费用成为粮食生产的最主要支出。调查显示，2012 年粮食亩均成本为 693 元，其中人工费用占粮食生产成本的 37.13%，居于粮食生产成本首位。高于排位第二的化肥支出（24.23%）12.90 个百分点，远远超过了农用机械（15.38%）、农药（12.94%）、种子（5.13%）、水电费（2.29%）和其他支出（2.90%）。人工费用占比远远高于其他成本费用说明了目前江西省农业机械化水平仍较低。

对于 2013 年种粮成本，农户均认为会略有上涨。预计亩均成本为 752 元，涨幅为 8.62%。其中，种子、农药成本上涨幅度超过 10%，分别为 12.50% 和 11.36%，水电费、农用机械、人工、化肥等成本涨幅预计在 10%以下。

（三）上涨常态化，种粮收益如何

随着国家不断提高农业的基础地位，各种惠农、扶农政策相继出台，种粮收益已有明显提高。据国家统计局公布的 2012 年各地区粮食产量中江西单位面积产量为 5671.6 公斤/公顷换算，江西粮食亩产为 378.1 公斤；按 2012 年稻谷最低收购的平均价格计算，亩产收入为 968 元（不含粮食直补），与亩产成本 693 元相比，亩产利润为 275 元（不含粮食直补）。

调查显示，62.37%农户认为“近几年种粮收入增加”，其中 4.87%农户认为“增加很多”，57.50%农户认为“增加了，但不多”；29.61%农户认为“种粮收入没有明显变化”；另有 8.03%的农户认为“种粮收入减少”。

（四）主体多元化，粮食销往何处

据了解，私营粮食企业、个体粮贩的早晚稻收购价普遍略高于国有粮食企业，且他们为方便农户都是由粮食经纪人或企业派人上门收购，使得私营粮食企业、个体粮贩成为粮食市场收购主体。调查显示，81.16%的农户将粮食卖给非国有粮食加工企业和个体粮贩。其中，59.04%的农户卖给个体粮贩，22.12%的农户卖给非国有粮食加工企业，仅 18.83%的农户卖给国有粮食企业。

（五）政策力度大，种粮前景如何

在国家多措并举鼓励农民种粮，增加农民收益的大背景下，92.23%的农户 2013 年会保持或增加种粮面积。调查显示，75.26%的农户预计 2013 年种粮面积与 2012 年持平，16.97%的农户会增加种粮面积，7.76%的农户会减少种粮面积。

表 1　2013 年（预计）粮食生产成本情况表　　（单位：元/每亩）

	种子	农药	化肥	水电费	农用机械	人工费	其他	合计
2012 年	36	90	168	16	107	257	20	693
2013 年	40	100	176	17	117	282	21	752
增长	12.50%	11.36%	4.63%	9.99%	9.62%	9.52%	4.82%	8.62%

在预计2013年粮食产量（亩产）的问题上，75%的农户认为会增加或不变。调查显示，40.13%的农户预计2013年粮食产量较上年增加，34.87%的农户预计不变，7.5%的农户预计产量下降，另外17.5%的农户选择无法判断。

二、对2013年粮食价格走势预测

2013年有利于保持粮食生产和市场稳定的因素较多，但也存在一些促使粮价继续上升的因素。

（一）有利于粮食价格稳定的因素分析

从国内市场形势看，存在如下抑制价格上涨的因素：(1) 从季度稻谷生产指数走势来看，2012年稻谷生产指数四个季度分别为108.47、109.07、108.18、101.61，呈现明显的涨幅趋缓势头。从此可判断，2013年粮价格不会出现大幅上涨。(2) 粮食产量连年丰收对价格上涨形成抑制力。根据国家统计局对全国31个省（区、市）的抽样调查和农业生产经营单位的全面统计，2012年全国粮食总产量达58957万吨，比2011年增产1836万吨，增长3.2%。粮食产量实现连续第九年增长。

（二）促使粮食价格上涨的因素分析

一是政策因素。国家政策性提高粮食最低收购价格。2013年国家将继续在粮食主产区实行最低收购价格政策，并适当提高最低收购价格水平。2013年生产的早籼稻（三等，下同）、中晚籼稻和粳稻最低收购价格分别提高到每50公斤132元、135元和150元，比2012年分别提高12元、10元和10元，增幅分别为10%、8%、7.14%，平均增幅为8.38%。2013年生产的小麦（三等）最低收购价提高到每50公斤112元，比2012年提高10元，增幅为9.8%。收购价格的提高会带动粮食市场价格的攀升。

二是成本因素。虽然近几年国家不断加大粮食直补等惠农政策力度，但农资价格也如影随形般地持续上涨。农产品生产成本不断上升，使得农民对价格预期较高，又造成了农民产生惜售心理，影响了市场农产品的供应，从而进一步推动农产品价格上涨。调查显示，58.16%的农户认为2013年粮食价格会上涨；2012年，53.82%的农户有准备2013年再出售的余粮。

三是气候因素。农作物因生长特性原因对气候变化的反应非常敏感，近年来极端气候频现令国内相关农产品价格波动更加剧烈，尤其是干旱、洪涝、冻害等灾害性天气的出现，为蔬菜等农产品价格的上涨提供了直接动力。

综上判断，2013年国内粮价格上涨动力犹在，涨幅将会保持平稳。

对农民存粮滞销情况的调查

中国人民银行长春中心支行调查统计处

为深入了解2013年玉米市场供求情况及其对农民春耕资金筹备的影响，长春中心支行调查统计处重点对松原中心支行开展了调查，通过走访相关粮食购销企业、中央代储库、农业发展银行、深加工企业，以及4县8个乡镇30家种粮大户，并与其座谈，结果显示：粮食企业计划收购规模与同期相比略有增长，但收购进度缓慢，农民现有存粮滞销情况严重，玉米市场价格近期持续大跌，应引起高度重视。其具体情况如下。

一、玉米市场购销基本情况

2013年，松原市玉米商品量达到636万吨，同比增加99万吨，增长幅度达15.6%，但从目前收购总体情况看尚不乐观，截至2月末，松原市中央粮食购销企业收购商品量为45.9万吨，较上年同期下降38.6万吨，从收购比例看，仅占到玉米商品量的7.22%，较上年同期下降近9个百分点。

从民营及加工企业收购看，收购总量和增速也表现为“双降”的态势，调查的一组数据显示：受市场收购氛围不够活跃等因素影响，收购旺季至2月末玉米收购总量约289.3万吨，占到全部商品量的45.4%，同比下降约25.7万吨，下降幅度为8.2%。

对4个县30户农民调查显示，现有存粮占到自产量五成以上的农户数量17家，占到调查户数的56.6%，农民普遍反映收购数量较同期明显减少，包括周边村屯的农户存量玉米与同期相比高出一至二成。

二、玉米滞销形成的主要因素

（一）政策性银行粮食收购资金审批严、发放晚

2012年11月初至2013年2月末即收购旺季以来，松原市农业发展银行粮食收购资金累积发放1.9亿元，较同期下降14.9亿元，降幅达88.6%，其主因是2013年农业发展银行严格控制信贷资金投放质量，加大了资金使用前的审查力

图 1 松原地区 2012 年 2 月末、2013 年 2 月末国有企业玉米收购情况

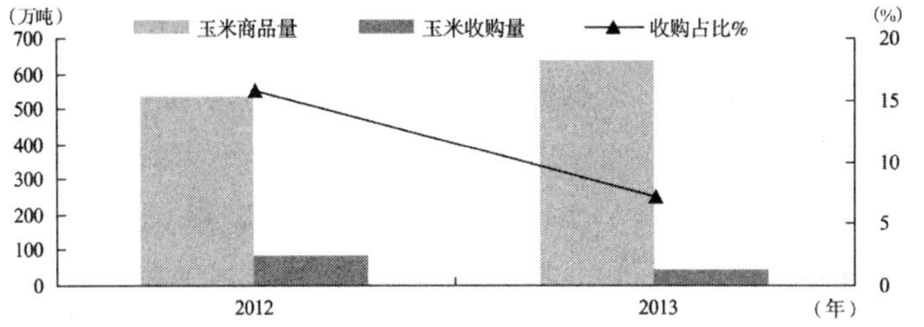

行所获资金合计占比不足总投放量的 10%。

（三）加工企业存量玉米基本饱和，收购规模将适度缩减

据对松原嘉吉生化、吉林不二蛋白、吉林云天化等深加工企业调查，目前企业生产所需的原材料即玉米的采购已基本结束。由于企业仓储规模有限，加上上年度库存玉米量较大，短期内将严格控制采购规模，同时也将依据玉米需求的缓急程度调整玉米的收购价格，总体上下降趋势比较明显。数据显示：从当前价格看，累积跌幅已达 8%，随着价格的走低，收购企业可获利润将缩减数个百分点，收购意愿的减弱致农户售粮渠道受阻。

度，增设了必要的审批环节，致使资金发放时点与同期比有所延后。据调查，2012 年春节前信贷资金审批已基本结束，资金全部划拨到位，但 2013 年节后仍在对资金申请对象进行审批，致使资金发放较晚，很大程度上制约了玉米的收购进度。但 3 月中下旬粮食收购资金将集中发放，预计有望 3 月末完成收购任务的 90%。

（二）临储资金计划规模较大，压缩民营企业收购资金

随着国家临储收购规模的逐年增长，农业发展银行信贷收购资金规划作出较大调整，尤其本年信贷资金投放倾斜明显。目前发行资金投放对象主要集中在信誉度高、经营规范的中央粮食储备等大型国有企业，资金使用量同比增长明显，且在业务上对其优先审批、及早发放。调查显示：机动灵活的小型民营企业仍是村屯收购的主力军，包括中央储备库在内的多家大型机构也委托小型企业下乡收购，但由于发行信贷规模的缩减致其资金严重不足，无法承担大的收购任务。数据显示：全部小型企业从发

（四）玉米水分较高无法满足收购标准，致使农民卖粮难

2012 年入冬以来，松原地区降雪量同比大幅增长，空气湿度加重，玉米水平挥发难度较大。加之 2013 年粮食相关部门的收购门槛较高，调查中的七成农户玉米水分含量均不符合收购标准，部分农户为提高标准，适当采取烘干等措施降低水分含量。但由于增加了卖粮成本，加上粮食不易存储，经济效益并不显著，仍无法改变农民卖粮难现状。

（五）粮价与预期价格偏差较大，加重了农民惜售情绪

2011~2012 年，松原地区玉米价格

创历史高位，年末至次年3月玉米平均价格为2210元/吨，带动了农户收益一定幅度的提升。但对比2013年偏低的玉米市场价格及并不乐观的走势看，与农户预期价格水平偏差较大，最低跌至1680元/吨，跌幅达18.4%，但农户生产资料价格与上年相比不降反升，如按现行价格出售净收入下降3000元/公顷。农户普遍表示：继续关注价格走势，针对目前偏低价格水平将不会大量出售存粮，确保预期收益。

三、农户玉米销售缓慢带来的主要负面影响

（一）售粮资金回笼缓慢加大了春耕资金缺口

调查显示：农户春耕资金缺口仍比较明显，自有资金仅占所需资金的80%（含存粮占款），由于存粮销售进度缓慢，资金短期无法快速回笼，农户备春耕资金严重不足，且部分农户反映，由于粮款短期无法及时回收，银行贷款利息支出也随之增加，自有资金占比将下降，加上粮价的持续走低，预计资金缺口将扩大至30%。

（二）气候变暖加重了农户玉米存储负担

目前，吉林地区气温回升幅度较大，势头猛烈，与近年来同期比较处于历史高位，最高气温已达零上，导致积雪快速融化，地面湿度不断加大，给农户玉米存储造成一定难度，加上粮农仓储条件有限、自身缺乏科学的储存知识和经验，短期内又难以聘请农业专家到实地对农户开展技术指导，易导致玉米潮湿腐烂，给粮农带来更多的经济损失。据以往调查显示：因存储不善带来的损失占到售粮收入的2~3个百分点，但就目前看，预计损失比例将增至5个百分点。

（三）玉米价格持续走低减弱了农民种粮积极性

2013年初以来，受玉米收购进度缓慢所致，玉米价格一路下跌，导致收购价在数月内均处于低位运行。2013年初以来，玉米市场价格已由2080元/吨降至1800元/吨，降幅达8.6%，且下降趋势仍在继续。农户表示：按照目前收购价出售，收入将很大程度上缩减，加上2012年种地成本上涨对收入的影响，净收入大幅低于预期，种粮积极性将受到冲击，部分农民表示将依据2013年国家农业政策及补贴情况来确定是否继续从事农业生产，或将转让经营权外出务工。

课题组成员：乔继红　刘丽（执笔）　刘小新　王群（执笔）

生猪价格仍将震荡走低，彻底回暖或至10月以后

中国人民银行长沙中心支行调查统计处

近期，长沙中心支行对湖南省生猪价格走势开展了专题调查，调查表明：2013年初生猪价格受供给集中增加和需求减弱等多重因素影响，呈现“下跌时间早、下滑速度快、起跌价位低”三大特点，后阶段生猪价格预计仍将震荡走低，但回落幅度有限，预计七八月见底，彻底回暖要到10月以后。

一、湖南省生猪价格2013年1月下旬出现下滑，呈现“下跌时间早、下滑速度快、起跌价位低”三大特点

监测数据表明，生猪价格自2012年6月中下旬13.2元/公斤的底部开始震荡上行，2013年1月中旬上涨至17.2元/公斤的高位，累计上涨30%。1月下旬开始，湖南省生猪价格逐步回落，2月已跌至16元/公斤，比最高水平下降7%。2013年生猪价格波动与往年相比，有以下几个特点：

一是下跌时间较早。监测数据表明，除2010年受底部行情等因素影响外，往年湖南省生猪价格一般在春节前出现上涨，节后开始明显回落，而2013年生猪价格在春节前两周就已开始回落，回落时间较往年出现得更早。

二是下滑速度较快。2008~2011年，湖南省生猪价格节后旬环比跌幅一般在2%左右，而2013年下滑幅度达4.8%，明显高于往年。

三是起跌价位较低。自2006年以来，湖南省生猪价格经历了两轮大幅上涨，价格顶点不断推高，2011年8月达到21.6元/公斤的历史高位，2012年从17.4元/公斤开始回落，而2013年下跌起始价位为17.1元/公斤，比上年下降1.4%。

二、当前生猪价格下滑的主要原因

（一）规模养殖占比大幅提高，2012年初猪价下跌对生猪生产影响不大，生猪供给仍稳步增加

从历史规律看，生猪价格持续下跌后，往往导致生猪养殖减少，但由于近年来生猪规模化养殖占比大幅提高，目前湖南省规模养殖占比达68.5%，比前两年提高20%以上。加之上一轮生猪价格下跌后，虽然散户出现了一定亏损，但规模户仍基本保持盈亏平衡，2012年生猪养殖并未因此出现大幅减少的情况，而且2012年下半年生猪价格反弹后养殖户补栏积极性总体较高，生猪供给稳步增加。国家统计局湖南省调查总队数据显示，2012年全省出栏生猪5878.8万头，增长5.4%，出栏量创2006年以来的新高。

（二）养殖户对春节生猪价格上涨预期较强，集中压栏情况突出，导致从春节前开始生猪供给阶段性大幅增加

2012年6月下旬生猪价格开始回暖，加之饲料价格持续上涨，2013年初仔猪受疫病影响减少较多，生猪养殖户普遍对2013年春节生猪价格行情看好，由此导致从2012年10月开始集中压栏。但由于压栏一般仅能维持较短时间，且压栏产生的养殖成本偏高，节前湖南省生猪出现集中上市，供给阶段性大幅增加，加之屠宰场在上述情况下人为压低生猪收购价格，进一步加速了生猪价格的回落。

（三）受春节因素，以及2013年宏观经济不景气、中央要求“厉行节约、反对浪费”等叠加影响，猪肉需求减弱

从历史规律看，春节后猪肉市场需求都会出现明显下降，加之2013年经济不景气和党中央节俭新风等也在一定程度上影响了猪肉需求。一方面，经济不景气背景下，企业用工需求有所下降，复工有所延迟和减少，企业猪肉消费需求下滑；另一方面，中央要求“厉行节约、反对浪费”，多数单位取消年终聚餐，个人消费更趋理性，2013年1~2月全国限额以上餐饮消费零售额同比下降3.3%，餐饮业对猪肉需求也有所下降。受上述多重因素叠加影响，2013年初猪肉需求弱于往年。

图1　2000年以来生猪存栏量走势图

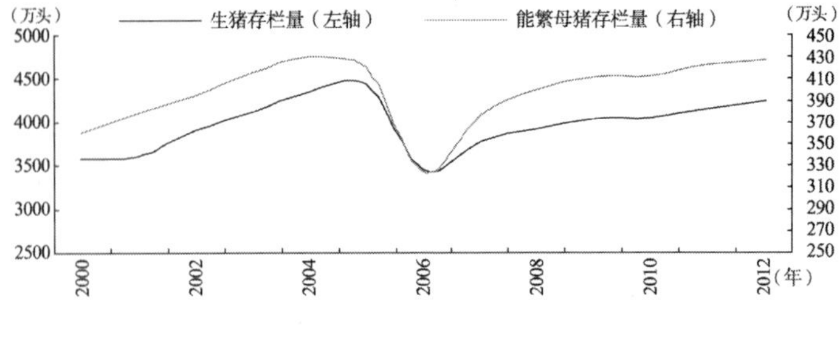

三、生猪价格短期仍将维持跌势，预计七八月见底，但彻底回暖将到10月份以后

——短期内生猪供给仍将稳步增加，猪肉需求进入淡季，生猪价格仍将维持下跌走势。从供给看，后阶段湖南省生猪供给仍将充足。2012年末，全省生猪存栏量达4245.5万头，同比增长2.1%。其中，能繁母猪存栏量达427.6万头，同比增长1.0%，能繁母猪存栏量占生猪存栏量的比重超过10%（以往生猪价格出现大涨之前该占比一般在9%左右），且2013年湖南省尚未出现大的疫情，生猪供给短期仍将保持平稳增加。从市场需求看，夏季是猪肉消费的传统淡季，加之节俭消费、健康消费等理念影响，后期猪肉需求可能比往年更弱，淡季持续时间更长。此外，受近期浙江、上海等地死猪事件影响，广东等省市对生猪检疫更加严格，导致湖南省生猪外调数量减少，由此带来本地生猪供给增加。总的来看，短期内生猪总体仍将维持供大于求的局面，猪价下跌时间可能较2012年更长。

——养殖更趋规模化、理性化，加之养殖成本仍持续上涨，国家调控能力增强，生猪价格进一步大幅下跌的可能性不大。由于规模养殖户掌握信息更为全面，生猪供给调节能力更强，在当前养殖成本持续攀升、猪粮比跌破盈亏平衡点等背景下，规模养殖户将通过压栏、减栏等手段调节后期生猪出栏量，国家也将适时启动生猪收储，调节生猪市场供给。同时，由于规模养殖户前期投入较多，在生猪养殖方面更加理性，即使亏损也不会大规模屠宰母猪，生猪供给不会出现几年前的大起大落，后阶段价格进一步大幅下跌的可能性不大。

——生猪价格可能在七八月见底，彻底回暖预计将在10月以后。一方面，养殖户从目前开始调整仔猪存栏量，到仔猪出栏一般需要3~5个月，生猪供给减少要等到7月以后；另一方面，从需求来看，传统消费旺季一般要到中秋、国庆之后。因此，我们预计生猪供需关系改善至少要到7月以后，并在养殖成本持续上涨的推动下，七八月可能出现阶段性底部，而彻底回暖要到10月之后，全年生猪价格上涨不会对CPI上涨有显著的拉动作用。

养殖成本持续攀升　价格预期逐步看涨

——2013年江西省生猪养殖情况调查

中国人民银行南昌中心支行调查统计处

南昌中心支行调查统计处于近期在江西省开展了一次生猪养殖情况专题调查，调查样本来自全省11个地市的451户养殖户（包括157户养殖企业和294户散养农户），调查主要以座谈、问卷等形式开展。调查结果显示：2012年生猪养殖成本全线上涨，人工成本涨幅最快；市场价格波动较为明显；多数养殖企业实现盈利。八成以上养殖户获得政府补贴，大部分认为补贴标准偏低；近七成养殖户定期获得政府免费防疫支持。四成以上养殖企业平均存栏量下降；过半以上养殖户将增加2013年生猪养殖数量；生猪养殖成本将持续上涨，但涨幅水平有所回落；近七成养殖户看涨2013年生猪出栏价格。

一、2012年生猪养殖基本情况

（一）生猪养殖成本全线上涨，人工成本涨幅最快，饲料成本占比最高

从涨幅水平来看，2012年养殖户饲料费用、人工成本和仔猪成本全线上涨，平均涨幅分别为15.19%、17.24%和12.65%，其中散养户平均涨幅分别为14.34%、16.14%和12.16%，养殖企业平均涨幅分别为16.76%、20.43%和14.12%，人工成本涨幅最大。

从成本构成来看，饲料费用占总成本的比重最高，达58.22%。据调查，2012年每头生猪的平均成本为1655.25元，其中饲料费用、人工成本和仔猪成本占总成本的比重分别为58.22%、4.31%和21.74%，饲料费用占总成本比重最高。

（二）市场价格波动较为明显，全年均价高于盈亏平衡点

2012年生猪出栏价格波动较大，养

殖企业生猪出栏均价为7.62元/斤，高于7元/斤的生猪价格盈亏平衡点。调查发现，与2011年生猪价格全线走高不同，2012年生猪价格经历了较大波动，生猪出栏均价由1月9元/斤下降至8月的6.7元/斤的“低谷”，随后又逐步回升至12月的7.95元/斤，全年均价为7.62元/斤。

（三）多数养殖企业实现盈利，养殖效益可观

调查发现，2012年82.16%的养殖企业实现盈利，平均利润为333.71元/头；17.84%的养殖企业亏损，平均亏损为253.41元/头。2013年1~2月，受春节因素影响，77.07%的养殖企业实现盈利，平均利润达427.2元/头；14.04%的养殖企业亏损，平均亏损为375.51元/头；另有8.89%的养殖企业尚未出栏销售生猪。

（四）八成以上养殖户获得政府养殖补贴，大部分认为补贴标准偏低

调查显示，81.15%的养殖户获得过政府养殖补贴，其中养殖企业和散养农户获得养殖补贴的比例分别为96.79%和72.82%。

补贴类型主要以能繁母猪养殖补贴为主。在获得了能繁母猪养殖补贴的养殖户中，87.43%的养殖户获得的补贴标准100元/头；1.19%的养殖户获得肉猪养殖补贴，其中九江星子县和赣州南康市的补贴标准分别为30元/头和20元/头。

在获得政府养殖补贴的养殖户中，80.60%的养殖户认为补贴标准偏低。其中，散养农户和养殖企业认为补贴标准偏低的比例分别达81.31%和79.60%；认为补贴标准适度的分别占比18.70%和19.10%；仅有1.32%的养殖企业认为补贴标准偏高。

（五）近七成养殖户定期获得政府免费防疫支持，绝大多数养殖户没有发生疫情

调查发现，68.29%的养殖户定期获得了政府提供的免费防疫技术支持，其中散养农户和养殖企业定期获得政府提供的免费防疫技术比例分别为57.48%和88.54%。由于良好的技术防疫支持，92.68%的养殖户表示当前没有疫情发生，其中表示没有疫情发生的散养户和养殖企业占比分别为93.20%和91.72%。

二、2013年生猪养殖形势基本判断

（一）近七成养殖户看涨2013年生猪出栏价格

调查显示，67.85%的养殖户看涨2013年生猪出栏价格，预计涨幅达12.64%。尽管生猪养殖企业在2013年1~2月的出栏均价下降至7.32元/斤，但仍有65.61%的养殖企业认为2013年生猪出栏价格将会上涨，预计涨幅为14.18%；而认为生猪出栏价格会上涨的散养户比例达69.05%，涨幅均值为11.87%。

（二）四成以上生猪养殖企业平均存栏量下跌

对生猪养殖企业平均存栏量调查发现，其中43.31%的生猪养殖企业平均存栏量下跌，39.49%的养殖企业增加了平均存栏量，另外17.2%与2012年平均存栏量持平。总体来讲，2013年1~2月平

均存栏量与2012年相比，下降了7.91%，其中母猪、65公斤以上肉猪和仔猪平均存栏量分别低于2012年平均水平的3.85%、5.64%和7.47%。

（三）超半数以上养殖户将增加2013年养殖数量

调查发现，问及2013年是否增加养殖数量时，分别有53.2%、15.96%和30.84%的养殖户选择“增加”、“不增加”和“看行情再说”，相比2012年而言，超半数养殖户养殖意愿稳步增强。其中，选择“增加”、“不增加”和“看行情再说”的养殖企业占比分别为77.07%、7.01%和15.92%；散养户的占比分别为40.48%、20.75%和38.77%。

（四）养殖成本将持续攀升，但涨幅有所回落

调查发现，养殖户预计2013年饲料费用、人工成本和仔猪成本将分别上涨10.19%、13.29%和10.61%，涨幅分别低于2012年4.99个、4.39个和2.24个百分点。其中，散养户预计平均涨幅分别为10.10%、12.56%和10.95%，较2012年分别低4.24个、3.58个和1.21个百分点；养殖企业预计平均涨幅分别为10.38%、14.58%和9.99%，较2012年分别低6.39个、5.85个和4.13个百分点。

2013年1~2月，养殖企业每头肉猪综合平均成本较2012年平均水平增长了8.58%，其中饲料费用、人工成本和仔猪成本分别比2012年平均水平增长了5.12%、14.30%和7.8%，人工成本增速最快。

生猪价格持续下跌 部分养殖户出现亏损

中国人民银行合肥中心支行调查统计处

据物价监测显示，自2013年1月第4周开始安徽省生猪出场价格持续下降，至2月第4周，全省生猪平均出场价格每50公斤为738.75元，猪粮比价为6.06∶1。3月第3周每50公斤降为656元，比1月底下降25%，猪粮比价为5.29∶1，连续4周低于6∶1的盈亏平衡点，并且已进入价格中度下跌的黄色区域。为了解生猪价格下跌的详细情况，合肥中心支行对生猪市场进行了调查，结果显示：安徽省生猪价格大幅下跌，猪粮比价已达5.56∶1，连续4周低于正常盈亏平衡点，大部分生猪养殖户出现不同程度的亏损。

一、基本情况

（一）生猪价格持续下跌，猪粮比连续4周低于盈亏平衡点

受到市场供过于求的影响，自1月第4周开始，安徽省生猪出场价格持续下降；至2月第4周，全省生猪平均出栏价格每50公斤为738.75元，猪粮比价为6.06∶1；至3月第1周，全省生猪平均出栏价格每50公斤为709.38元，猪粮比为价为5.77∶1，由正常的绿色区域进入价格轻度下跌的蓝色区域；3月第3周全省生猪平均出栏价格每50公斤降为656元，比1月底下降25%，猪粮比价为5.29∶1，连续4周低于6∶1的盈亏平衡点，并且已进入价格中度下跌的黄色区域。

（二）生猪养殖成本上升，部分养殖户出现亏损

与生猪出栏价格下跌不同的是，生猪养殖成本不断上升，部分养殖户出现亏损。2013年麸皮价格为1元/斤，较上年同期上涨11.1%；豆粕价格为2.18元/斤，较上年同期大幅上涨38%；玉米价格为1.15元/斤，较上年同期小幅回落2.5%，人工费用也在增加，人员工资已达到2100元/月，较上年增长16.7%。综合看，生猪的养殖成本较上年增加了近

图 1　生猪价格及猪粮比价走势

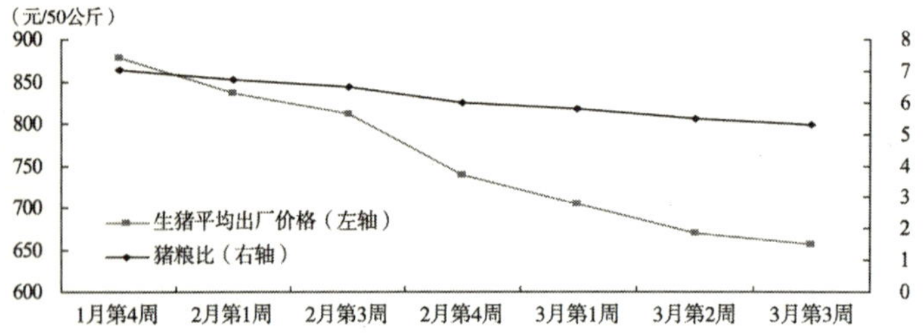

数据来源：合肥市物价局。

25%。据调查，以育肥猪 200 斤/头，销售收入为 1280 元，但养殖成本为 1330~1400 元，导致养殖每头生猪亏损 50~120 元。

二、生猪价格持续下跌的原因分析

调查了解到，生猪价格快速下跌，主要原因是存栏量充足，而市场需求趋降，生猪市场供大于求。

一是市场猪肉供给过剩，带动生猪价格走低。受 2012 年下半年猪价走高、养殖利润较大等因素影响，养殖户补栏积极性增加，目前淮南市生猪存栏量为 47 万头，比上年同期增加了 5%；春节消费高峰期过后，猪肉消费进入淡季，市场需求回落，生猪价格走弱；2012 年入冬以来，地方和中央储备猪肉的先后放储进一步加速了猪价的下跌；养殖户为赶行情，生猪集中出栏；同时冬春交替季节又为猪病高发时期，养殖户为防疫需要，且存在“卖跌不卖涨”的心理再次集中抛售生猪，加剧了当前供过于求的问题。

二是春节过后猪肉需求减少，生猪市场价格下跌缺乏支撑。随着腌腊季节的结束，春节前生猪市场需求已趋于减少，节后随着气温回升、大中专院校食堂备货结束以及农民工出省务工，终端消费需求大幅下降。

三、未来生猪价格走势预期

总体看，目前生猪存栏量仍处于高位，从农业部公布的 2013 年 1 月生猪存栏数据来看，全国育肥猪和能繁母猪数量依然维持在高水平，随着天气逐步变暖，猪肉消费市场也将迎来消费淡季。因此，我们预计，短期内猪肉价格易跌难涨。

执笔：祝　军

“伞式信用共同体联保贷款”模式的构建与成效

——江西省东乡县金融支持生猪养殖的创新模式

中国人民银行抚州市中心支行调查统计科

东乡县是江西省乃至全国重要生猪养殖基地县，近年来在东乡县支行的大力推动下，该县农村信用社创建了一种“伞式信用共同体联保贷款”模式，支持该县生猪养殖向集约化、产业化方向发展，取得了良好的社会经济效益。

一、模式简介

（一）基本架构

“伞式信用共同体联保贷款”模式是一种“生猪养殖‘领头人’+民营担保公司担保+农户联保”的信用共同体信贷模式，即以“领头人”和担保公司为“伞干”、以联保小组为“伞骨”、以资金需求养殖户为“伞面”，按照诚信为基础、联保为手段，发挥“领头人”带动作用，引入第三方担保公司担保的信贷模式。这种模式可以通过多方联保的方式，提升单个借款主体的信用等级，同时也可以降低农村信用社信贷的风险，提高放贷的积极性。

（二）信贷操作流程

（1）由“领头人”牵头成立信用联保体。

（2）对联保体养殖户的信用进行初步评估，形成经济档案资料。

（3）核定授信限额。

（4）养殖户贷款申请。

（5）“领头人”推荐，并承诺协助贷款本息的回收。

（6）信用社核查贷款用途、金额的合规性。

（7）签订联保合同。

（8）在授信限额内的，则签订借款合同。

（9）超授信限额的，超过部分由担保公司按 1:3 的比例进行担保（担保公司提供 1 万元的担保金，信用社需发放 3 万元的贷款），签订担保合同。

(10) 按信贷管理程序发放、管理和收回贷款。

二、主要保障措施

(一) 会同地方政府涉农部门推选出联保体“领头人”

农村金融产品创新牵涉部门广、涉及环节多，没有政府的支持则难以实施。东乡县支行通过各种渠道公开与非公开场合多次向县政府分管领导汇报有关试点工作要求和方案及其对缓解农户贷款的作用，取得政府支持，并多次召开银行、涉农部门、企业三方恳谈会，决定利用养殖户中实力强、威信高、有话语权的能人作为“领头人”来推动联保体的组建。“领头人”必须自愿加入联保体组织，具有比较大的号召力并组织起养殖户参与，能协调处理养殖户联保体中遇到的问题，协助信用社收回贷款本息，入股资金最多，并负有一定管理职能。通过努力，已初步在全县生猪养殖大户中筛选出 20 位“领头人”，每位“领头人”加入 3~5 户养殖户创建信用共同体，为此可以带动全县 100 户生猪养殖大户跨跃式发展。

(二) 构建伞式信用联保共同体

由“领头人”牵头将资金实力、需求相近的养殖户分别组成大、中、小型不同类别的联保体，使每一联保体内部体成员的责任、利益相对对等，以保持联保体的相对稳定，联保体成员一般为 3~5 个。经办银行须对联保体成员的人品信誉及综合素质、家庭财产状况及收入、经营状况、资信状况等进行考察评定。农村信用社通过筛选评定养殖户后，正式建立大小不等的信用共同联保体，形成“伞干”、“伞骨”；同时培育未达联保体要求的养殖户，发放与其条件相当的小额贷款，推动其向联保体条件靠拢，形成“伞面”，为东乡县的生猪产业撑起了一把保护伞。

(三) 做好对联保体的授信工作

贷款实行“集中授信、随用随贷、余额控制、周转使用、风险共担”的机制，一个联保体由信用社提供最高授信额度，养殖户按约定额度取得贷款，按约定用途使用资金，养殖户相互提供担保，形成一个贷款担保的经济利益共同体（联保体）。若联保体成员中的任何一人无法到期还款，所有成员将共同承担到期贷款本息的清偿责任。对信用共同体的授信，一方面在于控制信用风险；另一方面旨在方便联保体成员借贷，同时教育、引导养殖户建立诚信为本的理念，以带动农村信用体系建设。

(四) 引入民营第三方担保公司担保

在伞式信用联保体的基础上，引入民营担保公司——江西省东弘投资担保公司，将民营担保公司的担保和信贷业务相结合，解决一些信用等级较低的联保体因无法提供有效抵押物而难以获得信贷资金的问题。当约定的担保风险发生时，可以通过担保公司对农村信用社进行风险补偿，以降低信用社的信贷风险，进一步调动其发放农业贷款的积极性。担保费用由财政承担 50%，减轻了联保体农户的负担。目前已对三个联保体担保金额 260 万元，开创了担保公司介入生猪贷款业务的先例。

（五）建立风险补偿基金

经东乡县支行多次汇报协调，县委县政府对创建农村金融产品和服务方式引起高度重视，专门召开常委碰头会研究生猪支持事项，确定县财政拿出 1000 万元创建东乡县生猪行业可持续性发展基金，生猪养殖大户向民营担保公司申请担保的费用由财政承担 50%。同时县农村信用社对参与伞式贷款的利率较其他贷款利率优惠 10%~20%，每年可为 100 户伞式生猪贷款让利 25 万元左右。

三、取得的成效

（一）解决了长期存在的生猪产业发展融资瓶颈

通过建立联保体，目前已成功实现了贷款个体的信用增级，有效克服了涉农贷款抵押不足的缺陷，较好地解决了生猪养殖户“贷款难”和农村信用社“难贷款”的问题。原生猪养殖的龙头企业授信限额个体一般控制在 300 万元以内，现增加到 500 万元以内；原规模养殖户授信限额控制在 50 万元以内，现增加到 100 万元以内；原养殖大户授信限额控制在 10 万元以内，现增加到 30 万元以内，极大地支持了东乡县生猪养殖业的发展。截至 2013 年 2 月底，通过新的信贷模式，全县各金融机构累计对生猪养殖户信用共同体授信总额达 17240 万元，发放贷款 9630 万元，占近两年新增贷款的 24%，贷款发放额为上年同期的 1.5 倍。

（二）促进生猪养殖集约化、产业化程度显著提高

东乡县 80%以上人口为农业人口，40%农户家庭养殖生猪，通过创建“伞式信用共同体联保贷款”模式，一批规模以上生猪养殖户正蓬勃成长，市场资源配置更加有效，产业结构更加优化。2012 年末东乡县生猪行业生产总值为 9.5 亿元，占全县农业生产总值的 59%，较 2011 年同期分别增加 1.2 亿元、4.68 个百分点；规模生猪养殖户由 2011 年的 1230 户成长为 1510 户。

（三）支持一批生猪养殖龙头企业快速发展壮大

通过建立联保体，企业授信额度增加，东乡县生猪养殖的龙头企业正快速发展壮大。东乡县种禽种猪良种场由于搬迁、扩建及技术改造，一度形成资金瓶颈，推出伞式贷款操作模式后，贷款 400 万元，如今已建成占地 700 亩的大型现代化的养猪场，跻身全省前 10 名之列。

发达国家中央银行沟通引导预期的实践

中国人民银行南宁中心支行调查统计处
中国人民银行钦州市中心支行调查统计科

预期及预期管理理论已在西方国家经过数十年的发展，当前，欧盟、美国、日本等国家及地区施行量化宽松的货币政策均是以这一理论模式作为政策指导。预期的正确引导对于防止宏观经济剧烈波动，保持国民经济持续健康发展有着非常重要的作用。

一、通货膨胀制国家①的中央银行沟通实践

自1989年新西兰通过《新西兰储备银行法》率先采用通货膨胀目标制以来，通货膨胀目标制日益流行于西方发达国家和新兴市场国家，已成为被多国中央银行所采用的主流货币政策制度之一。本文主要介绍新西兰、英国这两个较为成功的通货膨胀目标制国家的中央银行沟通实践经验。

（一）新西兰

1989年新西兰通过《新西兰储备银行法》明确规定其货币政策的目标是“维持物价总水平的稳定”，在世界范围内率先采用了通货膨胀目标制。（1）签订独立的政策协议明确维持物价稳定的具体目标。根据现行的最新的“政策目标协议”，新西兰储备银行有义务在中期内把用CPI衡量的通货膨胀控制在1%~3%内。（2）按时评估官方现金利率②并对外公布。新西兰储备银行每隔6周即进行一次OCR是否需要调整的评估（大概为一年八次评估），当发生未预期到的重大事件（如美国“9·11”事件），官方现金利率也可能加以调整。作出官方现金利率决策后，马上以货币政策公告的形式对外公布。（3）公布研究报告。新西兰储备银行一年内出版四次货币政策报

① 通货膨胀目标制是最近十多年来流行于一些西方发达国家以及新兴市场经济国家的货币政策制度，它是一种货币政策框架，主要特点是公开宣布一个或多个时限内的官方通货膨胀的数值目标（或目标区间），同时承认稳定的低通货膨胀是货币政策的首要长期目标。

② 自1999年3月以来，新西兰储备银行就把官方现金利率（Official Cash Rate，OCR）作为货币政策的主要操作工具。

告[①]，对其官方现金利率决策的背后原因进行解释，并举行新闻发布会。每年发布年度报告公布货币政策实施、公开市场操作、外汇储备管理以及资产负债状况。每个财政年度开始前，新西兰储备银行须向财政部提交一份年度计划声明，对新年度的财务预算及3年内的政策目标加以说明，并详细解释新年度货币政策操作的策略优先顺序。(4) 披露经济预测模型。新西兰储备银行把其经济形势判断及货币政策决策所依赖的经济模型加以披露，极大地增强了经济主体对其经济预测及货币政策的理解程度及信心。

（二）英国

英国从1992年开始采用通货膨胀目标制，通货膨胀目标为2% (1%)。[②] (1) 定期召开货币政策决策会议[③]。英格兰银行的货币政策决策由货币政策委员会负责，货币政策委员会每月召开一次例会。(2) 设置"禁声制度"[④]。避免货币政策委员会委员的发言对金融市场造成不当影响。(3) 披露在货币政策委员会会议纪要。货币政策决策在例会会期的第二天中午12点对外公布，会议纪要在会议后两周对外公布。记载了货币政策委员会对于政策决策的讨论，以及投票结果。(4) 公布研究报告。从2001年2月开始，英格兰银行即进行季度通胀预期调查，发表《季度通货膨胀报告》[⑤]，每年货币政策委员会均须向财政委员会提交一份年度报告，接受其定期或不定期的质询，英格兰银行每半年发表一份金融稳定报告，以评估整体金融体系的稳健性及运行效率。(5) 针对不同对象采取一系列带有货币政策教育性质的沟通。自2000年起，英格兰银行与泰晤士报联合发起了名为"锚定2.0"的货币政策竞赛活动[⑥]，极大地促进了民众（尤其是青少年）对于经济运行以及货币政策操作的理解及认同。针对更为低龄的儿童以及其他普通民众，英格兰银行还在中央银行网站上创设教育专栏，通过提供游戏、动漫、视频等形式普及民众的宏观经济及货币政策知识。

二、美国的中央银行沟通实践

美联储沟通政策几经变革，至今已建立起一套较为完善的中央银行沟通体系

① 货币政策报告包括"政策评估"、"概览及核心政策判断"、"国际经济发展及展望"、"国内经济最新发展"、"宏观经济预测"五部分内容。

② 当CPI超过3%或者低于1%时，中央银行行长必须给财政大臣寄送一份公开信，对通货膨胀偏离目标区域的原因加以解释，并陈述针对偏离问题将采取哪些对策措施。

③ 会期为两天，一般安排在每月第一个星期一后的星期三和星期四，货币政策决策通过委员会一人一票的方式投票表决决定。

④ 英格兰银行存在着关于货币政策委员会委员发言的"禁声制度"安排，例会前的周五到例会后的周五（共8天），被禁止对外发表货币政策相关的演讲或接受采访，在通货膨胀报告发布的4个月份（2月、5月、8月、11月），"禁声期"延长至通货膨胀报告发布当日的午夜。

⑤ 通过9道精心设计的货币政策相关题目，试图了解公众对于货币政策操作过程的理解程度，获知民众对于中央银行的整体态度及满意度，并取得民众对于利率及通货膨胀的预期数值。通货膨胀报告提供通货膨胀及产出2~3年的预测值。

⑥ 该竞赛活动鼓励16~18岁的青少年根据英国的实际经济数据，把自己假想成为货币政策委员会委员，通过与其他成员讨论协商，共同进行货币政策模拟操作以试图达到通货膨胀目标2%，每年英国均有几百所学校师生参与该项竞赛活动。

表 1　美联储沟通工具一览表

沟通工具	时机或频率	沟通内容容	沟通目的
美联储网站	常年开放	包括所有各类相关信息，其中还包括FOMC会议及其他重要事件的日程安排、最新信息动态等	及时传递所有各种相关信息，对民众进行货币政策教育
提交国会的书面报告	每年2次，根据需要可增加	经济发展状况述评及对未来前景展望，回顾及展望货币政策操作，重要经济变量预测	落实中央银行问责制，检讨货币政策操作，传递未来货币政策策略
国会证词	每年2次，根据需要可增加	对提交国会的书面报告加以解读	同上
褐皮书	每年8次，在FOMC会议前两周对外公布	提供单纯统计数据所无法衡量的最为及时、最为真实的各联邦储备区域及全国经济变化的实时证据	提供经济实时状况信息，便利民众决策，提供货币政策决策基础信息
联邦公开市场委员会会议声明	FOMC会议后即刻对外公布	FOMC会议作出的货币政策决策，货币政策决策原因解释，经济运行风险评估，未来货币政策关注要点，FOMC会议投票记录及投反对票委员意见	提供货币政策决策相关信息，提升货币政策有效性，促进货币政策可预测性
经济预测	每年4次（其中递交国会书面报告中两次，两外两次在第二季度与第四季度FOMC会议后发布）	经济前景展望及核心经济变量预测（由各个联邦公开市场委员会会员给出的GDP增长率、失业率、个人消费支出通货膨胀率、核心个人消费支出通货膨胀率等经济变量的预测），经济运行风险评估，经济预测多样性分析	提供经济运行相关信息，增进民众对中央银行思维的理解，促进货币政策可预测性
联邦公开市场委员会会议纪要	FOMC会议后3周	FOMC会议的主要内容，FOMC会议作出的货币政策决策，FOMC会议投票记录及投反对票委员意见	落实中央银行问责制，便利科学研究
联邦公开市场委员会会议记录等多种历史材料	FOMC会议后5年	FOMC会议相关信息：议程、详细会议记录、经济形势评估（绿皮书）、可选货币政策（蓝皮书）等	同上
演讲、采访、新闻发布会等	根据需要不定时安排	货币政策相关信息	政策宣示、货币政策教育、澄清民众理解、危机管理等
其他货币政策出版物	定期发行	货币政策相关信息	促进科学研究，提供货币政策深入剖析
信贷和流动性项目及资产负债表报告	2009年6月以后，每月公布	美联储信贷和流动性工具最新进展和资产负债表变动	向公众宣示其解救金融危机的工具及信心

资料来源：根据美联储网站相关资料整理而得。

(见表1)。

三、欧洲中央银行的主要沟通方式

欧洲中央银行的货币政策制度是“双支柱”的货币政策框架[①]。

(一)货币政策发布高效、及时

欧洲中央银行管理委员会每月召开两次会议[②]，会后由ECB行长及副行长主持召开新闻发布会，首先对外公布此次会议的货币政策决策，接着从经济分析以及货币分析角度评估欧元区的经济及货币形势，最后对管理委员会刚刚采取的货币政策决策加以解释。在提问及互动环节，澄清对于货币政策决策的种种疑问。定期公布公开市场操作计划。欧洲中央银行定期将决策层制定的下一季度常规性公开市场操作计划于决策当日向市场公布。

(二)每月出版一次的货币政策月刊

货币政策月刊提供了欧元区当前经济形势以及价格稳定所面临风险的详细分析，刊载了一些探讨欧元区货币政策框架、长期运行趋势、分析工具等主题的颇有价值的文章。在3月、6月、9月和12月的货币政策月刊上也刊载了ECB作出的经济预测。

(三)及时发布欧元区国家危机评估报告与救助声明，便于相关政府部门与市场参与者跟踪危机进展，提出适当解决方案

(四)欧洲中央银行领导对经济金融形势的分析

公开欧洲中央银行领导在重要国际或区内各类会议上涉及对当前经济金融形势评论与判断的重要发言；公开欧洲中央银行行长在欧洲议会上的证词及答复欧洲议会议员关于经济金融相关问题的函件等。

四、日本银行的主要沟通方法

日本银行从2006年3月起开始采用名为“双展望方法”[③]的货币政策操作新框架。

(一)货币政策决策的公布

每月召开两次货币政策会议讨论国内外经济金融形势并作出相应的货币政策决策。会议结束当天，召开由日本银行行长主持的新闻发布会对外公布所作的货币政策决策并对其原因加以解释。货币政策会议的会议纪要将在1个月的

① “双支柱”货币政策框架，指的是ECB在进行货币政策决策时，不仅会密切关注经济和金融市场发展，通过对GDP、汇率、生产成本等进行经济分析，把握价格水平的中短期变化趋势，而且会通过对货币供应量(主要是M3)和信贷等变量的总量、构成以及变动趋势的货币分析，来判断经济是否存在着资产泡沫或者金融失衡，从而把握住价格水平的中长期变化趋势，经济分析和货币分析互相确认，最终作出维持欧元区价格稳定的利率决策。

② 第一次会议评估近期货币与经济发展状况，制定月度货币政策，并确定欧元区基准利率水平。第二次会议主要就其他事项进行决策，涉及支付体系平稳运行、金融稳定、统计、货币金银和法律事务等。

③ 所谓“双展望方法”指的是日本银行在作出货币政策决策时，都将进行两个方面的展望及评估:一方面，日本银行将对经济活动及通货膨胀在1~2年内的预期发展进行深入分析，评估其是否与日本银行所认同价格稳定标准相一致；另一方面，日本银行也将对在长时期内可能影响到经济可持续发展及价格稳定的各种风险(如资产泡沫、结构失衡等)进行评估，采取货币政策风险管理方法，使经济健康发展。

货币政策会议上审核并于其后3个工作日后对外披露，会议纪要刊载了货币政策会议讨论的主要内容、投票结果及最终决策，披露会议纪要的日期安排表同样在日本银行网站上提前对外公布。

（二）对国会的沟通

日本银行每年都须于6月和12月接受国会质询并提交货币金融调控半年度报告。

（三）发布研究报告及预测

日本银行每月均会发布“近期经济金融发展月度报告”，及时传递其对于经济金融形势的最新判断及看法，日本银行对其政策委员会也设定“禁声期”，从每次货币政策会议前两个工作日开始，直至“近期经济金融发展月度报告”发布（每月第一次货币政策会议），或者货币政策会议结束（每月第二次货币政策会议）。日本银行每年4月和10月发布两次“经济活动及物价展望”。

五、流动性陷阱下的中央银行沟通与预期引导：教训与经验

（一）美国1937~1938年经济衰退：不当预期沟通政策引致的恶果

1933年后，罗斯福新政的经济刺激政策取得较明显成效，美国经济从1933年开始逐渐复苏，至1937年初工业生产指数甚至超过了1929年的历史高位，但到了1937年年中美国经济却突然陷入了“萧条中的衰退”。Eggertsson (2006) 发现1937年衰退开始与结束的时间与罗斯福政府行为及言语变迁历史高度一致，1937年衰退是不当沟通政策引致的恶果。在整体物价水平尚未恢复到大萧条前水平的情况下，由于担心前期注入的过度流动性引起恶性通货膨胀，且美联储不时发表担心通货膨胀后果及暗示加息的演讲，导致货币供给增长速度大幅减缓，最终把美国经济重新推向衰退。

（二）日本1999~2000年零利率货币政策失效：预期管理模糊不清甚至前后不一致，忽视预期沟通政策

随着20世纪90年代初资产泡沫的破灭，日本经济陷入了严重的衰退。为了刺激经济，日本银行不断下调利率，1999年2月12日更是把无担保隔夜拆借利率降低到0.15%，扣除掉手续费几乎等同于零利率的货币政策，但在其后的中央银行沟通及货币政策操作中，日本银行却传递出了模糊不清甚至前后不一致的信息。在1999年9月21日的货币政策会议召开前，日本经济界开始广泛预测日本银行将采取更为宽松的货币政策以刺激经济，但日本银行却明确表示不会进行外汇市场干预，对“市场关于追加资金供应会发生作用的预期”不以为然，还特意提及了零利率货币政策的副作用。直到2000年8月11日，日本银行宣布放弃零利率货币政策。在经济形势没有根本改观、通货紧缩危机没有完全消除的情况下，日本银行急于提高利率，不仅使日本经济重新陷入衰退，而且使日本银行的声誉大为受损，经济主体脆弱的“通货膨胀预期”被摧毁，其后日本银行试图创造新的“通货膨胀预期”的努力，都由于日本银行承诺通货

膨胀的动态不一致特性被证实而趋于无效。

（三）美国2007~2011年金融危机：中央银行沟通引导公众预期成为危机救助重要手段

危机时期，美联储的沟通手段和沟通频率并没有明显改变，而与特殊环境相适应，具体沟通内容的变化则是其沟通战略的最大改变。一是美联储专门开通了一个子网站①，网站内容包括资产负债表运作原理、运用现状、未来变化、关于资产负债表决策的相关标准等。二是及时、清晰、前瞻性的沟通表明货币当局应对金融危机的立场和决心，降低政策出台过程中的不确定性。例如，对2007年9月18日首次降息，美联储解释为“……为了预先消解这些负面影响，帮助经济走出金融市场振荡，继续保持适度增长。”在联邦基金利率降至0~0.25%区间之后，FOMC多次强调“在一段时间内联邦基金利率极有可能保持在非常低的水平”。对创新性货币工具提前宣布，包括引入新项目目的、条件、操作程序和具体实施日期等。三是针对公众价格预期进行充分沟通，运用多种沟通方式着重强调保持价格稳定是其双重目标之一，可以看做向公众传达出的承诺信号，对不同阶段的价格运行特点，在沟通中分别阐述了具有针对性的内容。总之，中央银行沟通具有管理预期的独特优势，可以向市场传递大量有效的信息，有利于减少噪音、避免恐慌，在应对金融危机过程中发挥了重要的作用。

参考文献

[1] Blinder, Ehrmann, Fratzscher, DeHaan, Jansen.Central Bank Communication and Monetary Policy [M] .A Survey of Theory and Evidence Journal of Economic Literature, 2008.

[2] Woodford. Monetary Policy in the Information Economy, In Economic Policy for the Information Economy [M] . Kansas City: Federal Reserve Bank of Kansas City, 2001.

[3] Michael Ehrman, Marcel Fratzscher. Communication and Decision-making by Central Bank Committees: different strategies, Same Effectiveness [C] .ECB Working Paper, 2006.

[4] Lucas. Expectations and the Neutrality of Money [J] . Journal of Economic Theory, 1972.4 (2) :103–124.

[5] Swanson, Eric T. Federal Reserve Transparency and Financial Market Forecasts of Short-Term Interest Rates [J] . Journal of Money, Credit, and Banking, Vol.3, 2006 (38) :791~819.

[6] 谢杰斌：《中央银行沟通:理论与实践》，厦门：厦门大学，2009。

[7] 彭芸：《试析中央银行沟通与货币政策的有效性》，载《金融研究》，2007 (1)。

[8] 李云峰、李仲飞：《沟通策略与效果的国际比较研究》，载《国际金融研究》，2010 (8)。

[9] 彭芸：《中央银行沟通的本质属性探究》，载《武汉金融》，2012 (1)。

[10] 李永宁、王晓峰、赵钧：《管理预期：货币政策新工具"SAY"探析》，载《证券市场导报》，2011 (9)。

① 网址为 http: //www. Federal reserve. gov/monetary policy/bst htm.

论我国货币政策传导机制

中国人民银行海口中心支行调查统计处

货币政策传导机制是指中央银行的政策冲击通过引起经济过程中各中介变量的反应，进而影响实际经济变量发生变化的方式与途径。货币政策传导机制是否完善和高效，直接影响到货币政策的实施效果及对国民经济的贡献。当前，受国内外各种因素影响，我国经济面临着复杂局面，研究货币政策工具的传导机制，有助于客观评估各类货币政策工具的使用效果，为宏观调控决策提供参考依据。

一、理论综述

（一）货币政策传导机制的基本理论

米什金（Mishkin，1995）根据货币与其他资产之间的不同替代性，将货币政策传导机制分为两大类，即货币渠道（Money Channel）和信贷渠道（Credit Channel）两大类。货币渠道主要包括利率途径、托宾的q效应、居民的财富效应和汇率传导途径；信贷渠道则包括银行信贷渠道和资产负债表渠道。

利率传导途径是货币传导渠道中其他途径的作用基础。凯恩斯（1936）认为货币政策对产出的影响不是直接的，而是间接地通过利率渠道的传递作用实现的。凯恩斯之后，希克斯和汉森、托宾等都对货币政策利率传导机制理论进行了完善和发展。托宾（Tobin，1969）的q效应丰富了凯恩斯的利率传导途径，他认为货币政策是通过利率影响股票价格，然后再通过股票价格来影响q，最终决定企业的投资决策和总产出。其中，q指企业市场价值除以资本重置成本的数值。在莫迪利安尼（Modigliani，1971）提出的生命周期模型中，居民的财富效应补充了货币政策对私人消费的影响。当货币量增加导致利率下降时，股票价格上升，总收入增长，居民增加一般和耐用消费品的支出，带动产出增加。最后，根据多恩布什（Dornbusc，1976）提出的价格黏性汇率超调模型，还可以得到汇率传导渠道。即货币供给增加使利率下降，在浮动汇率制下，根据利率平价规律，本币贬值，导致净出口和总产出的增加。

信贷渠道是基于信息不对称理论的不断发展而形成的。信贷渠道也即狭义的信贷渠道。根据斯蒂格利茨和韦斯(Stiglitz and Weiss，1981) 建立的均衡信贷配给模型，在银行不能观察借款人的投资风险时，市场经济中将长期存在信贷配给，它是理性的银行进行最优选择的结果，是一种均衡现象。在货币政策的传导过程中，对于借款需求者来说，信贷的扩张并不是通过利率降低导致货币需求增加的结果，而是通过信贷供给增加信贷可得性、降低超额信贷需求、提高投资水平的结果。资产负债表渠道的代表人物是伯南克和格特勒 (Bemanke and Gertler，1989)，他们提出了“净值”(Net Worth) 和“金融加速器” (Financial Accelerator) 等概念。所谓“净值”是指企业流动资产与可抵押物品之和，代表企业的资产负债表状况。在信息不对称的条件下，企业的净值将决定其获得贷款的能力，而企业的贷款可得性又会影响投资，进而放大和加强对经济的冲击，产生“金融加速器”效应。

(二) 我国货币政策传导机制研究的主要结论

近年来我国货币政策传导机制及其效应问题已引起国内学者的重视。学者们对货币政策传导的货币渠道和信贷渠道的研究得出完全不同的结论。王振山、王志强 (2000) 利用1981~1998年的年度数据和1993~1998年的季度数据进行的研究表明，信贷渠道是中国货币政策的主要传导途径，而货币渠道的传导作用则不明显。王雪标、王志强 (2001) 对中国1984~1995年的货币政策传导途径进行实证研究，认为货币政策是通过货币和信贷两个渠道同时影响经济的，但无法区分哪一个更重要。周英章、蒋振声(2002) 对中国1993~2001年的货币政策传导机制进行实证分析，结果表明中国货币政策是通过信贷渠道和货币渠道共同发挥作用的，信贷渠道占主导地位，但转轨时期信贷渠道的传导障碍在很大程度上限制了以其为主要传导途径的货币政策的有效性。陈飞、赵昕东和高铁梅 (2002) 利用1991~2000年的季度数据进行了实证研究，认为货币渠道比信贷渠道对于产出具有更大作用。孙明华(2004) 对我国从1994年一季度至2003年一季度间的货币政策传导机制进行实证分析，结果表明目前我国货币政策是通过货币渠道而不是信贷渠道对实体经济产生影响的。王国松 (2004) 利用1994~2002年的年度数据进行的研究表明，在通货紧缩期间，我国货币政策传导的传统货币渠道“受阻”，而信贷渠道发挥了重要作用。

二、对我国货币政策传导机制的实证分析及结论

本文在国内外学者研究的基础上，围绕争议较多的货币渠道和信贷渠道，对2002~2012年前三个季度的货币政策传导机制进行实证分析。分析的目的主要是为了揭示近十年来我国信贷渠道和货币渠道的传导状况，并在此基础上为

货币政策中介目标的最优选择提供一些参考依据。

以货币供应量（M1）作为我国货币政策传导的货币渠道的代理变量，以金融机构本外币贷款余额（LOAN）作为信贷渠道的代理变量；最终目标变量指标：以国内生产总值增速（GDPV）作为检验货币政策有效性的代理变量。所有变量的数据均来自中经网。计量分析结果显示：

1. 我国货币政策是通过信贷渠道和货币渠道共同发挥作用。从脉冲响应分析显示，对于贷款和货币供应量分别给予一个标准差的冲击，经济增速会分别在第 2 期和第 4 期达到最大（二者的值分别为 0.111844 和 0.208806），此后逐渐衰减。

2. 我国货币渠道对经济的作用明显要强于信贷渠道。一方面，从脉冲响应分析看，货币供应量冲击对经济增速影响的持续性要强于贷款冲击；另一方面，从方差分解结果看，贷款对经济增长的贡献最多不过 1%，而货币供应量的贡献达到 5%。

3. 我国货币政策的作用存在时滞。表现为分别给贷款和货币供应量一个标准差的冲击后，经济增速第一期的反应均为 0，此后才开始有正向响应。

4. 我国货币政策对经济增长的效果受到很大限制。主要表现在方差分解结果表明贷款和货币供应量对经济增长的贡献偏低，二者之和不超过 10%，可见货币政策对经济增长的有效性并不十分明显。

三、政策建议

一是加强各种信贷量和货币供应量的监测，密切关注信贷市场的动态状况， 货币市场与信贷市场之间的利差水平、银行体系流动性等指标及其动态变化综合包含有商业银行对经济形势预期以及对货币政策反应的双重信息，以准确把握信贷市场走势， 为实施货币政策提供充分的依据。二是加强货币的流动性管理， 切实缓解流动性难题。在调控经济增长的同时把货币增长水平控制在适度水平是货币政策的应有之义。从货币存量看，当前我国 M2/GDP 仍然处于较高水平，较高货币存量会给物价带来的压力，加之美联储持续执行量化宽松货币政策，因此应注意灵活采用存款准备金、公开市场操作等多种手段实现对货币供应量的控制。三是中央银行在具体操作货币政策时应当争取一定的前瞻性，以尽量避免政策作用发挥时由于宏观经济形势变化而使政策效果大打折扣。四是进一步完善金融市场，加快利率市场化进程，提高货币政策的操作效率和有效性。

货币政策工具对房价的影响

中国人民银行枣庄市中心支行课题组

近年来，为抑制房价过快上涨，引导房地产市场健康发展，政府不断强化房地产调控力度，政策效应逐渐显现。本文利用SVAR模型对多种货币政策工具影响房地产市场价格的效果差异做了比较分析，结果表明利率调节对房价的影响最为显著，且持续时间较长；新增信贷规模对房价的调控效果有短期政策时滞，前期影响微弱，但后期影响显著；货币供应量的变动对房价的影响具有较长时间的政策时滞，且后期影响相对较小。

一、引言

近年来我国房地产市场发展迅速，房产在居民资产中已占有相当大的比重，最新一期的《我国居民财富报告》显示，房产占居民资产的比重高达74%，房地产市场价格的波动不仅会直接冲击居民财富水平，而且会加剧社会贫富分化，影响经济社会健康发展。作为宏观经济调控的主要手段，货币政策的最终目标是“维持物价稳定，促进经济增长”，房价作为物价构成的重要组成部分，与居民生活水平密切相关，理应受到货币政策制定者的关注。由于物价总水平一般从CPI中反映，而目前的CPI构成并没有涵盖房价，货币政策对房价的影响不能从CPI中得到直接体现，因此，单独研究我国货币政策对房地产市场价格的影响尤为重要，具有很强的现实意义。

二、国内外研究现状

目前，货币政策与资产价格的波动之间的关系备受学者关注，中央银行如何应对资产价格波动的研究颇多，各国货币当局在制定货币政策时逐渐开始重视资产价格。在是否应将房价作为货币政策监管目标的问题上，Coodhart和Cecchetti [1] 等人认为，房地产市场价格会影响通货膨胀以及总需求，进而影响实体经济，应该将房价纳入货币政策监管目标，而不应该只局限于关注CPI。而且，由于CPI通常滞后于房价，以房价作为货币政策的目标可以克服以CPI作为货币政策目标的滞后性问题。

国内学者在货币政策对房地产市场价格的影响方面也进行了深入研究。在利率变动对房价的影响方面，张涛、龚六堂[2]等运用协整方程研究了2002~2005年中国房地产市场的均衡价格，结论表明，按揭贷款实际利率越高，则房价越低，实际利率每上升1%，则房价下降0.024%。王松涛、刘洪玉[3]通过构建结构向量自回归模型分析得出，利率的一个标准方差的正向结构冲击（0.25%）引发私人消费下降1.09%，房价下降0.47%；房价的一个标准方差的正向结构冲击（1.17%）引发私人消费上升1.24%，经济总产出和价格总水平也相应提高。

在信贷政策、货币供给量对房价的影响方面，梁云芳、高铁梅[4]分析了信贷政策、实际利率以及经济增长对不同地区房地产市场的影响，认为利率及货币供应量与房价存在负相关关系，货币供应量每增加1%，房价下降0.42%。

在货币政策工具影响房价的政策效应方面，魏玮、王洪卫[5]通过建立PVAR（面板向量自回归）模型，使用脉冲响应函数分析方法，测度了各种货币政策工具对中国东部、中部、西部地区房地产市场价格动态影响的异同。缪仕国[6]利用结构性向量自回归模型，以多种货币政策工具为变量，分析得出房价是物价变动的重要原因，而物价并不能引起房价的变动，货币供应量和信贷规模对房价的影响较小，干预房价应该以调整贷款利率为主。

综上所述，在已有的文献中，多数研究集中于利率、银行信贷以及货币供应量与房价波动的量化关系，对货币政策在房地产市场中的传导机制的理论研究尚且不足，本文将从货币政策工具调控房地产价格的传导过程入手，通过构建结构向量自回归（SVAR）模型，比较分析不同货币政策工具对房价的影响效果差异。

三、货币政策工具调控房地产价格的传导机制

货币政策工具是中央银行为实现一定的货币政策目标而采取的各种策略手段的总和，一般可以分为价格型工具和数量型工具。价格型工具主要包括利率政策和汇率政策，数量型工具主要包括公开市场操作和存款准备金率以及信用控制政策。货币政策工具的主要操作目的是将银行体系流动性总量保持在相对合理水平，以促进货币信贷调控目标的实现。现有的宏观经济理论认为，货币政策主要通过“货币渠道”和“信贷渠道”两条途径传导，“货币渠道”主要包括利率与资产价格途径以及汇率等，通过影响市场资本价格来实现货币政策目标，属于价格型传导。“信贷渠道”主要包括银行贷款和银行资产负债表，通过影响经济体中的货币供应量来实现货币政策目标，属于数量型传导，当然也含有价格的因素。

(一) 价格型货币政策工具影响房价的传导机制

价格型货币政策工具主要是指利率，凯恩斯主义认为名义货币供应量的增加会引起名义利率的降低，从而降低投资成本，提高投资的相对收益率，导致投资的增长和总产出的增加，而由于我国的存贷款利率市场化程度不高，存贷款利率仍实行浮动区间管制，因此可以将贷款利率作为独立的货币政策分析其对房地产投资的影响。

从房地产市场需求的角度分析，由于房地产商品价值量较大，大多数消费者缺乏全款购房的能力，我国城镇居民购房主要依靠抵押贷款的方式，利率的变化对住房消费者的还款额度与购房成本影响很大，购房成本的变化会直接导致房地产市场需求的变化，从而影响房地产市场的均衡价格。具体而言，提高住房贷款按揭利率，使得购房成本增加，在消费者的刚性预算约束下，部分潜在的住房消费者就会自动退出住房市场，在房地产市场供给不变的情况下，住房需求的下降会导致房价下跌；反之，如果降低住房贷款按揭利率，使得购房成本降低，部分潜在的住房消费者就会进入住房市场，在房地产市场供给不变的情况下，住房需求的增加会导致房价上涨。

从房地产市场供给的角度分析，中央银行通过调整房地产开发贷款的利率水平，直接影响房地产开发成本，进而影响房地产的市场供给。房地产行业是资本密集的行业，房地产项目开发中使用银行贷款的比重超过 50%甚至更高。利率水平的高低直接影响房地产开发成本，进而影响房地产商的投资收益，促使房地产商调整投资规模。具体而言，提高房地产开发贷款利率，则房地产企业的资金成本增加，房地产投资相对于其他资产投资的收益率降低，房地产企业的投资规模受到抑制，房地产市场的供给相应减少，在需求不变的情况下房价会上涨；反之，降低房地产开发贷款利率，则房地产企业的资金成本降低，房地产投资相对于其他资产投资的收益率升高，房地产企业的投资规模扩张，房地产市场的供给相应增加，在需求不变的情况下房价会下降。当然，房地产市场的均衡价格是在供给与需求平衡时达到的，是市场供给与市场需求相互作用的结果，供给与需求的单方面因素不能决定其均衡价格。

图 1　利率调控影响房价的传导示意图

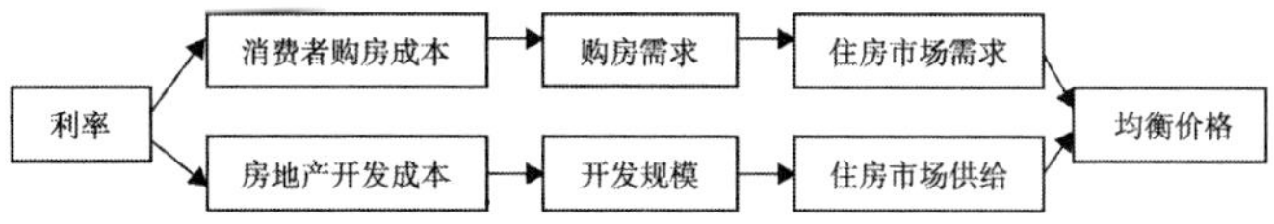

（二）数量型货币政策工具影响房价的传导机制

就房地产调控而言，数量型货币政策工具主要包括存款准备金率、信贷政策工具。存款准备金率上调可以同时起到推高市场利率的作用，因此，存款准备金率既是数量型工具，也是价格型工具。考虑到其以影响货币供给间接影响价格，本质上仍属于数量型工具。存款准备金率的下调与银行信贷的扩张会使流动性充足，刺激房地产投资与消费，导致房价上涨，甚至出现房地产泡沫。

1. 存款准备金率的上调导致货币乘数变小，从而降低了整个银行体系创造信用、扩大信用规模的能力，货币供给减少，整个经济体中的流动性降低，房地产行业从银行系统获得资金的难度增加，从而抑制房地产开发的投资与消费，平抑了房地产价格。存款准备金率的下调导致货币乘数变大，从而增加了整个银行体系创造信用、扩大信用规模的能力，货币供给增加，整个经济体中的流动性升高，房地产行业从银行系统获得资金的难度降低，从而促进了房地产开发的投资与消费，推高了房地产价格。

2. 从我国房地产市场的运行过程来看，银行信贷支持参与了土地储备、交易以及房地产开发和销售的全部过程，利用信贷政策对房地产价格进行调控实际上是将房地产市场的供求调控转化为资金的需求与供给的调控。我国目前的房地产信贷政策大致包含两方面内容:一是信贷总量控制政策。例如，购房首付款比例规定、贷款购买二套房首付款比例规定等，这些措施的实施减少了居民住房投资与消费从银行系统获得的信贷支持，使得房地产市场的投资性需求得到有效控制，有利于平抑房地产价格。二是限制性的房地产信贷政策。通过调整对房地产开发企业的授信额度、调整房地产信贷风险评级和风险溢价等方式，限制信贷资金向房地产行业的投放。限制性的信贷政策对房地产市场价格的影响具有不确定性。

参考文献

[1] Goodhart C. Hofmann B., Asset prices and the conduct of monetary policy［EB/OL］.http://repec.org/res2002/Goodhart.pdf.

[2] 张涛、龚六堂、卜永祥：《资产回报、住房按揭贷款与房地产均衡价格》，载《金融研究》，2006 (2)。

[3] 王松涛、刘洪玉：《以住房市场为载体的货币政策传导机制研究》，载《数量经济研究》，2009 (10)。

[4] 梁云芳、高铁梅：《中国房地产价格波动区域差异的实证分析》，载《经济研究》，2007 (8)。

[5] 魏玮、王洪卫：《房地产价格对货币政策动态响应的区域异质性》，载《财经研究》，2010 (6)。

[6] 缪仕国：《物价稳定与房价:货币政策视角》，载《当代经济科学》，2011 (4)。

课题组组长：朱传辰

课题组成员：任宪文　谢　颖

张洪波

执　　笔：张洪波

2013年一季度小额贷款公司统计报告

中国人民银行调查统计司货币统计处

截至2013年3月末，全国小额贷款公司（以下简称小贷公司）贷款余额达6358亿元，同比增长42.9%；全国共有小贷公司6555家，一季度新增475家；从业人员7.55万人，一季度新增5138人。2013年一季度，小贷公司经营发展呈现以下特点。

一、贷款增长持续放缓，2013年一季度新增贷款同比减少

截至2013年3月末，小贷公司贷款余额达6358亿元，同比增长42.9%，较上年同期和上月末分别回落42个和2.4个百分点。2013年一季度，小贷公司新增贷款为435亿元，同比减少98亿元；其中3月当月新增197亿元。

二、逾六成新增贷款集中在四川、浙江等八省区市，西部地区新增贷款占比大幅上升

截至2013年3月末，60.2%的贷款存量集中在江苏（1053亿元，16.69%）、浙江（776亿元，12.2%）、内蒙古（351亿元，5.5%）、四川（350亿元，5.5%）、重庆（342亿元，5.4%）、山东（335亿元，5.3%）、安徽（328亿元，5.2%）、广东（291亿元，4.6%）八省区市。2013年一季度，61.5%的新增贷款集中在四川（63亿元，14.6%）、浙江（44亿元，10.1%）、重庆（39亿元，9%）、广西（34亿元，7.9%）、福建（28亿元，6.4%）、江西（20亿元，4.7%）、河南（19亿元，4.5%）、上海（19亿元，4.4%）八省区市。

2013年一季度，小贷公司新增贷款主要集中在东部和西部地区。东部和中部地区小贷公司新增贷款占比下降，西部地区小贷公司新增贷款占比大幅上升。东部、中部、西部小贷公司新增贷款及其占比分别为172亿元（39.6%）、80亿元（18.4%）和183亿元（42.0%）。其中，东部和中部的小贷公司新增贷款占比较2012年分别下降9.1个和4.0个百分点，西部地区新增占比大幅提高13.1

个百分点。四川、重庆和广西3个西部省区市小贷公司新增贷款在全国依次排第1位、第3位和第4位。

三、经营性贷款增长放缓，当月消费贷款增加较多

截至2013年3月末，小贷公司经营性贷款余额达6252亿元（占其各项贷款余额的98.3%），同比增长43.1%，较上年同期和上月末分别回落42.9个和2.4个百分点。2013年一季度，经营性贷款新增430亿元；其中3月当月新增193亿元，较上月多增98亿元。

同期，消费贷款余额达88亿元，同比增长29%，较上年同期和上月末分别回落14.6个和3.7个百分点。2013年一季度，消费贷款增加3亿元；其中3月当月新增4亿元，改变了前2个月增长疲软的态势。

四、个人贷款和单位贷款当月新增额均有上升

截至2013年3月末，小贷公司个人贷款余额达3899亿元（占各项贷款余额的61.3%），同比增长46.5%，增速较上年同期和上月末分别回落38.1个和2.4个百分点。2013年一季度，个人贷款新增272亿元；其中3月当月新增131亿元，较上月多增80亿元。

同期，单位贷款余额达2449亿元（占各项贷款余额的38.7%），同比增长37.4%，较上年同期和上月末分别回落48个和2.5个百分点。2013年一季度，单位贷款新增162亿元；其中3月当月新增66亿元，较上月多增25亿元。

五、当月新增机构家数和从业人数均较上月减少

截至2013年3月末，全国共有小贷公司6555家，同比增长34.4%，较上年同期和上月末分别回落26.8个和2.1个百分点。2013年一季度新增小贷公司475家，其中，3月当月新增139家，较上年同期和上月分别减少37个和19家。近五成小贷公司分布在江苏（513家，7.8%）、辽宁（464家，7.1%）、安徽（457家，7%）、内蒙古（451家，6.9%）、河北（352家，5.4%）、吉林（298家，4.6%）、云南（296家，4.5%）和浙江（273家，4.2%）八省区。同期，小贷公司从业人员7.55万人，同比增长41.1%，较上年同期和上月末分别回落25.6个和3.5个百分点。2013年一季度新增5138人，同比少增1275人，其中3月当月新增1011人，较上年同期和上月分别减少986人和635人。

六、自有资金新增额下降，外源性融资当月增加较多

2013年一季度，小贷公司自有资金（包括实收资本、本年利润和各项准备）新增644亿元，占资金来源新增量的93.6%，较上月下降1.5个百分点。其中，3月当月新增188亿元，较上月少增6亿

表1 2013年3月小额贷款公司基本情况统计表 (单位：家、人、亿元)

地区名称	机构数量	从业人员数	注册资本金	实收资本	贷款余额
全国	6555	75481	5577.48	5671.84	6357.66
北京市	49	543	55.15	59.15	59.73
天津市	73	840	90.86	87.86	87.57
河北省	352	4027	204.70	209.06	219.71
山西省	254	2557	145.27	160.12	157.09
内蒙古自治区	451	4338	343.88	341.53	350.84
辽宁省	464	4303	262.49	263.36	236.50
吉林省	298	2566	79.64	79.75	61.64
黑龙江省	234	2081	79.32	79.62	70.09
上海市	92	936	117.55	118.05	156.21
江苏省	513	5047	909.00	830.94	1052.53
浙江省	273	3145	539.47	566.92	775.63
安徽省	457	5528	297.71	310.15	327.70
福建省	70	928	152.87	154.87	188.60
江西省	189	2191	168.29	188.64	211.50
山东省	266	3004	287.44	289.94	335.33
河南省	270	3834	121.47	124.36	131.89
湖北省	162	1813	139.65	148.75	167.50
湖南省	85	1001	48.79	56.27	61.51
广东省	246	5897	278.68	280.76	291.30
广西壮族自治区	182	2510	120.06	121.14	147.29
海南省	21	230	21.40	21.90	23.62
重庆市	177	3805	279.77	300.42	341.51
四川省	218	3485	305.18	314.80	349.85
贵州省	223	2348	64.86	64.86	61.60
云南省	296	2681	128.60	142.01	142.66
西藏自治区	4	29	2.10	1.50	1.39
陕西省	193	1604	135.65	135.65	133.47
甘肃省	192	1698	62.40	66.41	51.91
青海省	33	398	24.14	25.54	27.85
宁夏回族自治区	90	1088	43.08	45.93	43.36
新疆维吾尔自治区	128	1026	68.01	81.59	90.28

元。其中，实收资本新增525亿元，占自有资金新增量的81.4%。截至2013年3月末，自有资金余额达5936亿元，同比增长46.6%，较上年同期和上月分别回落35.8个和2.6个百分点。

同期，外源性融资（包括从其他金融机构融入资金、中长期借款和应付及暂收款）增加44亿元，占资金来源新增量的6.4%，较上月增加1.5个百分点；其中3月当月增加21亿元，较上月多增20亿元。截至2013年3月末，外源性融资余额达798亿元，同比增长36.8%，比上年同期和上月末分别回落22.3个和0.9个百分点。

执笔：王新华　杨　渊

机构发展速度和贷款增速减缓 存款继续快速增长
——2013年一季度村镇银行统计报告

中国人民银行调查统计司金融市场统计处

一、机构发展速度减缓，机构增速和单家资本实力明显低于小额贷款公司；主发起人七成多为城市商业银行和农村商业银行

截至2013年3月末，全国共有村镇银行799家[①]，一季度增加34家，比上年同期少增41家，同比增长30.1%，增速较上年末下降11.8个百分点。从地区分布看，东部地区318家，中部地区244家，西部地区237家；主要集中在辽宁（58家）、山东（58家）、内蒙古（56家）、江苏（53家）、浙江（50家）、河南（49家）、安徽（38家）、四川（36家），合计占全国村镇银行总数的49.8%。从机构增量看，2013年一季度机构增加较多的地区主要有吉林（5家）、贵州（4家）、山东（3家）、云南（3家），合计占全国村镇银行当季增量的44.1%。从主发起人机构类型看，主要是由城市商业银行（364家）和农村商业银行（208家）两类机构发起，分别占全国村镇银行总数的45.6%和26%。从主发起人入股比例看，主发起人机构入股金额共计262亿元，占村镇银行注册资本的44.9%。其中，主发起人入股比例平均最低的是贵州（26.7%）的村镇银行，最高的是黑龙江（71.5%）的村镇银行。

截至2013年3月末，全国共有小额贷款公司6555家[②]，一季度增加475家，其机构总量约为同期村镇银行的8倍。3月末小额贷款公司机构数同比增长42.9%，比村镇银行机构增速高12.8个百分点。3月末小额贷款公司平均单家实收资本8653万元，比村镇银行平均单家实收资本多1354万元，差距较上年末扩大199万元。

① 指纳入人民银行金融统计体系的村镇银行数。

② 指纳入人民银行金融统计体系的小额贷款公司数，全文同。

二、存款增长平稳，其中个人存款继续快速增长

截至2013年3月末，全国村镇银行本外币[①]各项存款余额达3136亿元，余额同比增长78.9%，增速与上年末基本持平，高出全部金融机构存款增速62.9个百分点。村镇银行存款余额占同期农村类金融机构[②]存款余额的2.3%；2013年一季度存款增加108亿元，同比多增52亿元，占同期农村类金融机构存款增量的1%，比上年末下降5.5个百分点。

图1　村镇银行存款增量和同比增速

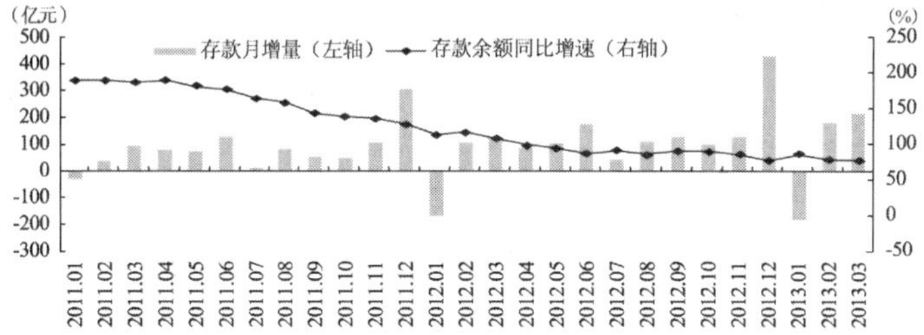

从增量结构看，当季单位存款下降，个人存款多增较多。2013年3月末，村镇银行单位存款余额达1842亿元，余额同比增长63.9%，增速比上年末低2.6个百分点，当季减少22亿元；个人存款余额达1287亿元，余额同比增长105.9%，增速比上年末高3.8个百分点，当季增加126亿元，同比多增76亿元。分地区看，当季存款增加主要分布在江苏（33亿元）、辽宁（24亿元）、山东（20亿元）、河南（18亿元）、浙江（12亿元）等地的村镇银行。

三、贷款增速继续放缓，但增速仍高于农村类金融机构和小额贷款公司

截至2013年3月末，全国村镇银行各项贷款余额达2629亿元，同比增长73.7%，分别较上年同期和上年末下降35.1个和4.5个百分点，但仍高于全部金融机构贷款增速57.7个百分点；当季贷款增加302亿元，同比多增94亿元。

截至2013年3月末，村镇银行贷款余额占农村类金融机构贷款余额的2.8%；2013年一季度贷款增量占同期农村类金融机构贷款增量的5.2%，比上年末下降1.8个百分点。从增速看，村镇银行贷款余额同比增速较农村类金融机构和小额贷款公司分别高出54.5个和30.8个百分点。

分地区看，2013年一季度村镇银行贷款增加较多的是江苏（31亿元）、山东（28亿元）、辽宁（26亿元）、内蒙古（21亿元）、河南（20亿元）、四川（18亿元）和江西（18亿元）等，合计占全国的53.3%。

① 除特别说明外，以下均为本外币口径。

② 农村类金融机构包括农村商业银行、农村合作银行、农村信用社、村镇银行、小额贷款公司、贷款公司。

四、贷款更趋短期化，当季新增贷款九成多集中于短期；个人贷款占比继续提高，但低于小额贷款公司

从期限结构看，当季新增短期贷款占比超九成。截至2013年3月末，村镇银行短期贷款余额达2248亿元，占其各项贷款余额的85.5%，比上年末提高0.7个百分点；2013年一季度增加275亿元，占全部贷款增量的91.1%，比上年末提高1.8个百分点。

从贷款对象看，个人贷款占比继续提高，但仍低于小额贷款公司。截至2013年3月末，村镇银行个人贷款余额达1275亿元，占其各项贷款余额的48.5%，较上年末提高0.7个百分点，但比小额贷款公司个人贷款余额占比水平还低12.8个百分点；当季村镇银行个人贷款增加163亿元，占其全部贷款增量的53.8%，占比较上年末提高2.3个百分点。

五、贷款行业主要分布在制造业、批发和零售业及农林牧渔业

村镇银行的单位承贷主体主要分布在制造业、批发和零售业以及农林牧渔业。截至2013年3月末，上述三类行业贷款余额分别为527亿元、238亿元和204亿元，在村镇银行单位贷款（不含票据贴现，下同）中的占比分别为42%、19%和16.2%，合计占比77.2%。从新增额看，上述三大行业贷款分别增加55亿元、26亿元和27亿元，分别占单位贷款增量的37.4%、18.1%和18.7%，合计占74.2%。

六、近七成贷款投向农村，农村贷款增速远高于全部金融机构；农户贷款和农业贷款快速增长

从“三农”贷款投向看，截至2013年3月末，村镇银行农村贷款余额达1836亿元，占其各项贷款余额的69.8%；余额同比增长80.7%，比同期全部金融机构农村贷款增速高出62.3个百分点；2013年一季度增加227亿元，占其各项贷款增量的74.9%。

2013年3月末，村镇银行农户贷款余额达936亿元，占其各项贷款余额的35.6%，余额同比增长98.2%，比同期全部金融机构农户贷款增速高81.3个百分点。3月末，村镇银行农业贷款余额达657亿元，占其各项贷款余额的25%，余额同比增长97.3%，较同期全部金融机构高85个百分点。

货币当局资产负债表

（单位：亿元）

资　产	2013年4月	负　债	2013年4月
国外资产	256912.77	储备货币	251510.58
外汇	248946.77	货币发行	60922.61
货币黄金	669.84	其他存款性公司存款	190587.96
其他国外资产	7296.17	不计入储备货币的金融性公司存款	1329.78
对政府债权	15312.73	发行债券	12830.00
其中：中央政府	15312.73	国外负债	1267.65
对其他存款性公司债权	11649.89	政府存款	27647.64
对其他金融性公司债权	10023.06	自有资金	219.75
对非金融部门债权	24.99	其他负债	5995.45
其他资产	6877.40		
总资产	300800.84	总负债	300800.84

注：1. 自2011年1月起，人民银行采用国际货币基金组织关于储备货币的定义，不再将其他金融性公司在货币当局的存款计入储备货币。
2. 自2011年初起，境外金融机构在人民银行存款数据计入国外负债项目，不再计入其他存款性公司存款。

货币供应量统计表

（单位：亿元、%）

项　目	2013年4月	
	余额	比同期
货币供应量（M2）	1032551.90	16.07
货币（M1）	307648.42	11.88
流通中货币（M0）	55607.15	10.77
单位活期存款	252041.27	12.13
准货币	724903.48	17.94
单位定期存款	223899.56	24.50
个人存款	439471.46	15.98
其他存款	61532.45	10.17

注：1. 货币供应量已包括住房公积金中心存款和非存款类金融机构在存款类金融机构的存款。
2. 本期数据为初步数。

社会融资规模统计表

（单位：亿元）

项　目	2013年4月
社会融资规模	17470
其中：人民币贷款	7929
外币贷款（折合人民币）	847
委托贷款	1926
信托贷款	1953
未贴现银行承兑汇票	2209
企业债券	1900
非金融企业境内股票融资	274

注：1. 社会融资规模是指一定时期内实体经济从金融体系获得的资金总额，是增量概念。
2. 当期数据为初步统计数，其他月份为正式数。
3. 数据来源于人民银行、发展改革委、证监会、保监会、中央国债登记结算有限责任公司和银行间市场交易商协会等。

货币和债券市场统计表

（单位：亿元、%）

项 目	2013年一季度
银行间市场同业拆借交易量	102855
银行间市场回购交易量	378361
商业汇票承兑	54321
期末商业汇票未到期余额	92425
金融机构贴现	95196
期末金融机构贴现余额	21520
各类债券发行	19469
国债	2634
中央银行票据	0
金融债券	6039
公司信用类债券	10795
期末各类债券余额	278512
国债	82558
中央银行票据	13380
金融债券	96760
公司信用类债券	85774
国际机构债券	40

注：公司信用类债券包括非金融企业债务融资工具、企业债券以及公司债、可转债等。

图1 货币市场利率

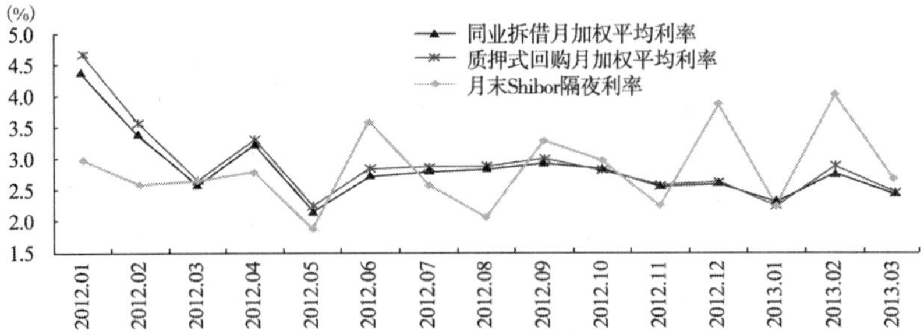

图2 中债收益率

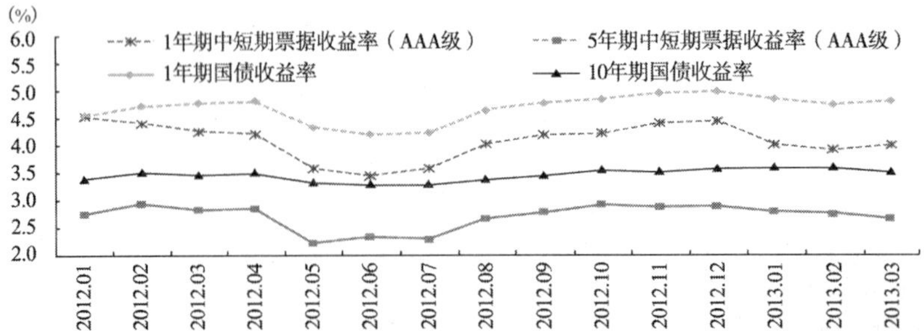